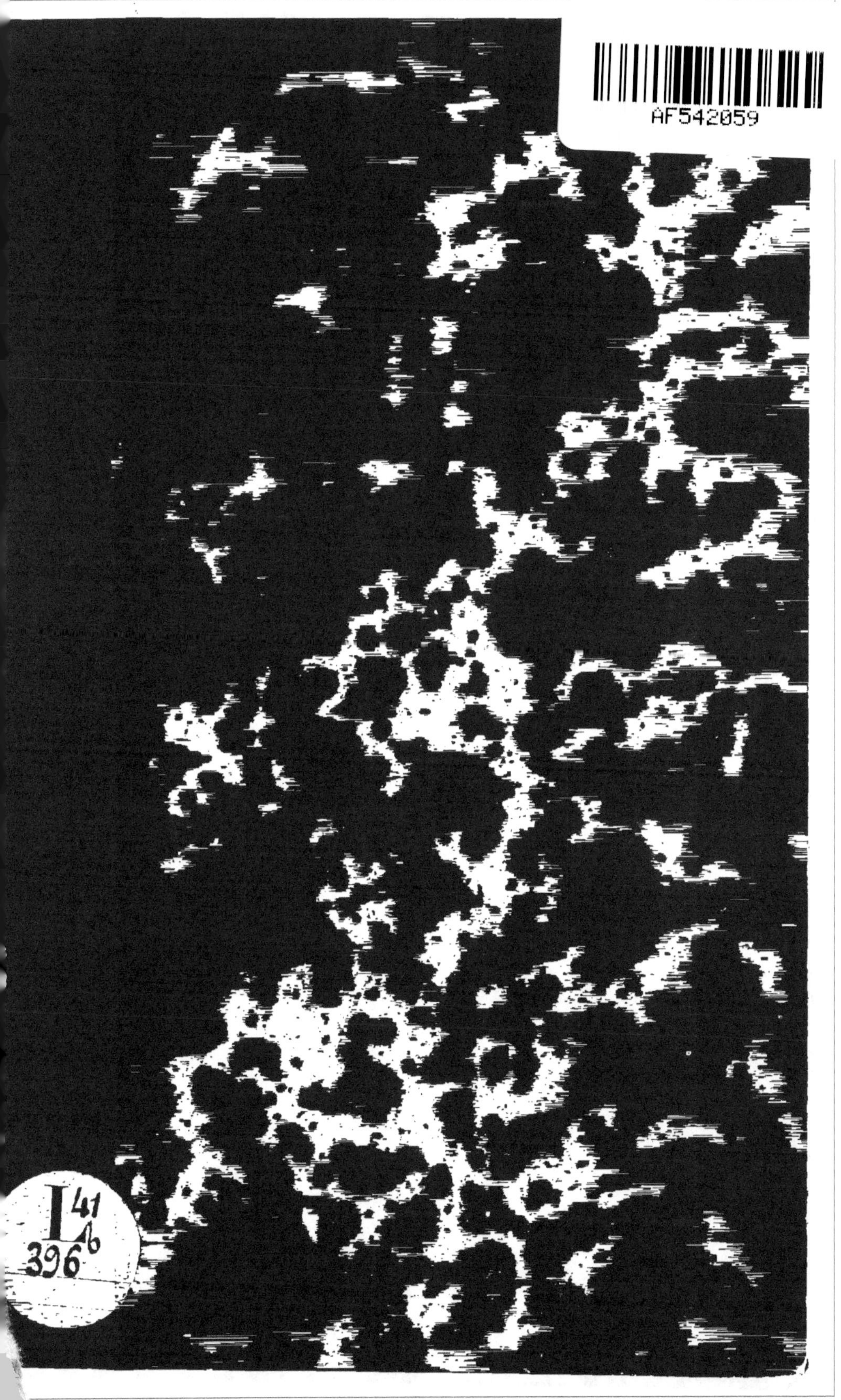

DISCOURS HISTORIQUE
SUR LA MORT
DE LOUIS XVI,

ET SUR LES ÉVÉNEMENS POLITIQUES QUI L'ONT PRÉCÉDÉE.

CET Ouvrage se vend aussi à Paris,

CHEZ
- ARTHUS BERTRAND, Libraire, rue Haute-Feuille;
- PILLET, Imprim.-Libr., rue Christine;
- LAMI, Libr., quai des Augustins;
- AUDIN, Libr., quai des Augustins, n°. 25;
- FOURNIER aîné, Libr., rue Poupée;
- GIDE, fils, Libr., rue Saint-Marc, n°. 20;

Chez lesquels l'on trouve du même Auteur, ou en sa demeure, rue des Bons-Enfans, n°. 8 : *Morceaux choisis d'éloquence judiciaire, précédés d'un Discours sur la Profession d'Avocat, avec quelques Observations sur la Legislation et la Magistrature actuelles.*

P 2L

E.R

Les derniers adieux de Louis XVI à sa famille.

DISCOURS HISTORIQUE

SUR LA

MORT DE LOUIS XVI,

ET SUR LES ÉVÉNEMENS POLITIQUES QUI L'ONT PRÉCÉDÉE;

AVEC DES NOTES ET DES PIÈCES OFFICIELLES.

PAR M. LENORMAND,

Avocat à la Cour Royale de Paris.

« Je recommande à mon fils, s'il avait le malheur
» de devenir Roi, de songer qu'il se doit tout entier
» au bonheur de ses concitoyens; qu'il doit oublier
» toute haine et tout ressentiment, et nommément ce
» qui a rapport aux malheurs et aux chagrins que
» j'éprouve, qu'il ne peut faire le bonheur des peuples
» qu'en régnant suivant les lois ».

Testament de LOUIS XVI.

A PARIS,

Chez L. E. HERHAN, Imp.-Libr., Palais de Justice, cour de la Sainte-Chapelle, N°. 5.

Et chez les Libraires du Palais-Royal.

1816.

OBSERVATIONS

PRÉLIMINAIRES.

LE supplice de Louis XVI a signalé l'époque la plus affligeante et la plus mémorable de notre histoire. Les infortunes de ce Monarque offrent au poëte et à l'orateur le sujet le plus riche et le plus sublime. Quel sentiment ne fait pas naître cette sanglante tragédie ! Comme l'action se développe ! comme elle touche profondément, lorsqu'on considère celui qui était naguères le maître d'un puissant empire, et surtout le Roi le plus vertueux, exposé aux outrages et aux fureurs d'une populace soudoyée et armée; lorsqu'on le voit dans sa prison, devant ses juges et marchant à l'échafaud; lorsqu'on pense à sa résignation, à sa constance, à sa piété au milieu de tant de souffrances ! Mais tout en présentant dans ce Discours l'intérêt que comporte un tel sujet, nous avons suivi avec exactitude les faits historiques ; nous avons puisé aux meilleures sources ; nous avons pris soin d'écarter ces anecdotes controuvées qui se rencontrent dans beaucoup d'écrits sur le procès et la mort de Louis XVI ; nous avons rassemblé dans les Notes des pièces officielles, dont l'authenticité ne peut être contestée, et des détails historiques qu'on a été obligé de séparer du discours qui les précède, afin de ne point entraver la marche oratoire. On a terminé par une notice sur la condamnation et l'exécution de la Reine et de Madame Elisabeth : le procès de ces deux augustes victimes se lie naturellement à celui de l'infortuné Monarque.

On retrouvera ici cette lettre remarquable que Marie-Antoinette écrivit à Madame Elisabeth, quelques heures avant son supplice, et qui était restée inconnue jusqu'à l'époque de 1816.

Cet Écrit avait été composé vers la fin de janvier 1814; il avait circulé dans plusieurs Sociétés de Paris, et parut y exciter une impression profonde, inséparable d'un sujet aussi pathétique.

Malgré les nombreuses brochures bonnes et mauvaises qui ont paru sur la mort de Louis XVI, l'Auteur a cru devoir publier cet écrit, qui n'est point dans le genre de ceux qui ont été imprimés jusqu'à présent sur ce sujet, que l'on a particulièrement considéré ici sous les rapports de l'histoire et de la politique; on croit du moins avoir démontré cette vérité utile, qu'en renversant le Trône et le Chef légitime de l'Etat, tout n'est plus que confusion, malheur et anarchie!

DISCOURS HISTORIQUE SUR LA MORT DE LOUIS XVI, ET SUR LES ÉVÉNEMENS POLITIQUES QUI L'ONT PRÉCÉDÉE.

La nation la plus polie de l'Europe, celle qu'on distinguait par son caractère loyal et chevaleresque; celle qui porta si loin la gloire de ses armes; celle qui produisit tant d'hommes de lettres, tant d'illustres savans, et qui est comme la patrie des beaux arts et du goût; celle dont les étrangers admiraient la sagesse de ses lois, et la pompe si imposante de ses cours judiciaires, digne institution d'un Roi non moins célèbre par sa piété, que par son grand caractère de justice; quoi donc! La nation française a jetté dans les fers, et a mis à mort par la main des bourreaux, Louis XVI, l'héritier de Saint-Louis et d'Henri IV, celui qui fut le plus vertueux des Monarques auxquels il avait succédé ! Quel sujet de réflexions lugubres et révoltantes ! L'on frémit au récit de ses malheurs, et l'âme se brise d'indignation.

Rappelons les cependant ces infortunes, qui furent pour les Français la source de tant de calamités, afin qu'elles puissent à l'avenir épouvanter ceux qui méditent de telles révolutions, et qui prétendent renverser le trône des Rois, en livrant leur patrie aux erreurs et aux crimes, inséparables de ces grands bouleversemens. Les infortunes de Louis seront pour le philosophe un immense sujet de méditations, et elles offriront au politique de grandes et utiles leçons.

Louis XVI possédant les vertus du plus excellent Prince, bon, généreux, rempli d'humanité et de justice, signale les premiers actes de son autorité royale par sa bienfaisance ; il abolit la corvée, rend à la liberté les serfs du Mont-Jura, protège les droits civils des protestans, supprime la question préparatoire, adoucit le sort des prisonniers, réforme les lois pénales et rétablit la marine française ; mais Louis monte sur un trône environné d'abymes ; l'horison politique est obscurci par des nuages croissants et dès-longtems commencés ; ils annoncent les plus sinistres augures, ils font craindre un ébranlement universel ; on se plaint des privilèges exclusifs de la noblesse et du clergé, et les finances de l'état, qui sont le nerf des gouvernemens, n'offrent plus de ressources; on veut que tous les citoyens, quels que soient leur titre et leur condition, contribuent avec une juste proportion aux besoins de l'état; l'on demande une répartition d'impôts, qui atteigne toutes les classes de la société, parceque depuis le plus pauvre artisan jusqu'au plus grand seigneur, tous sont sujets du Monarque; Louis XVI dans des conjonctures aussi difficiles, n'a en vue que la justice, que le bonheur de son peuple; mais son autorité n'est plus assez puissante: il n'y a plus d'unité dans le gouvernement; Le Roi propose des lois sur l'impôt du timbre et sur l'impôt territorial; mais les grands, guidés par l'égoïsme et par des vues ambitieuses, intriguent et s'agitent pour faire rejetter ces lois, qui pouvaient en rétablissant les finances, cicatriser les plaies de l'état; les Parlemens refusent de les enregistrer; Louis frémit alors des maux qui menaçaient la France; Cependant il crut un instant pouvoir y remédier; mais il se trompait, et ses ministres des finances tour-à-tour renvoyés, ou abandonnant ce poste dangereux, avaient souvent rendu, par leur faux système, le mal encore plus irréparable (1); enfin le Roi veut s'environner des hommes les plus notables et les plus éclairés de son Royaume; il fait un appel aux trois ordres de l'état, pour que chacune produise ses représentans,

(1) Le déficit était de 54, 929, 540 l.

et le cinq mai 1789, on vit se former à Versailles cette grande assemblée des états généraux.

Louis prononça à cette ouverture un discours, qui faisait connaître ses intentions paternelles, et qui devait lui concilier l'amour de tous les français (1); mais les esprits étaient dans une grande fermentation; des factieux, des hommes animés par l'ambition et par l'esprit d'innovation intriguent dans le sein de cette assemblée; des partis se forment, ils se combattent dans leurs opinions tumultueuses : Louis a appellé ces représentans pour faire le bien, et l'on est prêt de faire le mal; déja le tiers-état ne garde plus de ménagemeus, plus de mesure envers la noblesse et le clergé,

Mirabeau, patron de la classe plébéienne, fait entendre son éloquence jactancieuse, et la séance du Jeu de Paume à Versailles est le signal de l'insurrection; (2) déja l'on répète, les mots *de liberté*, *d'égalité*, et à l'aide de ces mots magiques, qui furent dans la suite le signal des plus horribles excès, on séduit, on égare le peuple à Paris et dans les provinces; les séditieux trouvent des partisans, ils soulèvent la populace de la Capitale, et la Bastille est prise (3). De vieux soldats de Louis

(1) Voir ce discours à la note N.° 1.

(2) Voir la note 2.

(3) 14 juillet 1789. Le gouverneur de la Bastille, l'intendant de Paris et un grand nombre de personnes furent massacrées; on vit recommencer les horribles scènes de la lanterne.

demandent à mourir pour arrêter ce torrent révolutionnaire ; *Je ne veux pas, dit ce vertueux Prince, qu'un seul homme périsse pour ma querelle ;* telle était l'âme généreuse de ce Monarque; mais il faut l'avouer cependant, plus d'énergie et les bras de ses serviteurs fidelles auraient pu alors sauver la France et le Trône.

Malgré les bonnes intentions de Louis, l'Assemblée nationale ne vise plus qu'à enchaîner son autorité, et bientôt à l'anéantir : sous les vains prétextes de disette de bleds, des femmes sont attroupées dans les marchés, on se porte à l'hôtel de ville ; les séditieux se rassemblent ; un grand nombre est armé ; ils se mettent en marche pour aller chercher le Roi à Versailles (1) ; on provoque, on insulte les Gardes du corps ; on dirige contre eux les armes des révolutionnaires ; beaucoup sont massacrés ; on assiège, on force le palais des Rois ; des femmes furieuses, couvertes de haillons, précédées de cruels janissaires, pénétrent dans les appartemens ; Louis court les plus grands dangers, et la Reine se sauve par miracle du fer des assassins : Le Roi se voit obligé de se rendre à Paris avec sa famille, et sa seule ressource est de réclamer l'appui de cette assemblée nationale, qui comptait dans son sein tant de factieux : Sa voiture est entourée de la

(1) 5 octobre 1789.

foule immense de ce peuple armé ; quelques-uns des cannibales portent au bout des piques des têtes de Gardes du corps; d'autres montrent en triomphe leurs dépouilles sanglantes. Quel horrible spectacle que cette troupe d'assassins, que cette populace effrenée forçant un Roi de France de revenir captif dans sa Capitale !

En vain Louis donna quelque temps après une preuve de grande condescendance, en acceptant la constitution et la déclaration des droits de l'homme et du citoyen; en vain quinze cents illustres Français envoyèrent à la Convention nationale leur soumission de s'offrir pour ôtages de cet infortuné Monarque (1); il est gardé à vue, il n'est plus qu'un prisonnier dans le palais de ses aïeux (2). Mais la faction sanguinaire médite de nouveaux attentats; elle prépare de nouveaux carnages; Louis en est averti, et pour se soustraire à la férocité des révolutionnaires, il croit n'avoir plus d'autre moyen que d'aller chercher un asyle loin d'une Capitale qui était le théâtre de toutes les horreurs ; il part avec sa famille (3) : les frères du Roi prennent une autre route. Cette évasion de Louis

(1) Les quatre premiers qui envoyèrent en cette qualité leur soumission, furent le marquis d'Espagne, MM. Tridon-de-Rey père et fils, et M. Dantibes ; (voir la Gazette de Paris, août et septembre 1791).

(2) Il ne lui est plus permis d'aller à St.-Cloud.

(3) Dans la nuit du 20 au 21 juin.

produit une grande sensation; elle sert de prétexte pour agiter les factieux et pour dicter des lois sanguinaires; non-seulement la Convention a décrété que tous les biens du Clergé appartiennent à l'État, mais un grand nombre d'ecclésiastiques qui n'ont pas prêté le serment constitutionnel, sont livrés à la mort. On brûle les châteaux, et les nobles sont obligés d'abandonner leur patrie pour se sauver du fer des assassins: mais, ô fatalité! ô cruel destin qui semblait attaché aux jours de Louis! il vient d'être reconnu, et à Varennes il est arrêté. Le Roi est suivi de ses Gardes du corps; il peut faire mordre la poussière aux premiers qui l'ont reconnu ou qui s'opposent à son passage, mais il a promis de ne répandre jamais le sang français, et il consent plutôt à être reconduit à Paris, quel que soit le sort qui l'y attend. Il craint peu les dangers que court sa personne; c'est pour sa famille qu'il éprouve alors une vive inquiétude: *Sauve ma femme et mes enfans*! dit-il à un officier municipal. Mais bientôt le peuple est instruit, le tocsin sonne, la générale bat, des Gardes nationales accourent, et Louis est conduit comme un prisonnier dans la Capitale (1).

Qui pourrait peindre les humiliations que le Roi et sa famille eurent à supporter pendant ce cruel retour? Les serviteurs fidèles qui accompagnaient Louis, sont insultés, maltraités, accablés d'outrages; plu-

(1) Voir la note 3.

sieurs ont les mains liées derrière le dos, comme de vils scélérats, et les gardes nationales sont obligés de les prendre sous leur protection pour éviter qu'ils ne soient massacrés.

Les illustres captifs arrivent à Paris; là ils entendent les insultes et les cris d'une populace armée: bientôt l'Assemblée nationale a suspendu Louis de ses fonctions et de son pouvoir; cependant, comme si elle eût été touchée de tant d'humiliations, elle lui rend une partie de son autorité; mais on veut que le Roi donne sa sanction à ce terrible décret contre les émigrés, qui les frappait de mort et leurs biens de confiscation, s'ils ne rentraient pas en France au 10 août 1792. Louis comptait parmi ces Français des membres de sa famille, et il ne devait voir dans ces émigrés que des hommes armés pour sa cause; il promet de faire ses efforts pour les rappeler, mais il refuse de sanctionner ce décret; il y met son *veto* (1): c'est alors que les révolutionnaires s'agitent comme des furieux; on répète que Louis favorise les ennemis de l'état; il est traité de conspirateur contre la liberté nationale. Cependant une coalition menaçante se forme contre la France, les armées du Roi de Prusse entrent dans la Champagne; mais des cohortes nombreuses sont levées pour les repoussser, on exalte les esprits, et bientôt l'on vit dans les champs de bataille les Français, loin des factions politiques, faire des prodiges de valeur.

(1) Il mit également son *veto* au décret concernant les prêtres assermentés.

Mais la journée du 20 juin arrive ; toute la populace de Paris est armée ; Santerre marche à la tête des séditieux ; trente mille hommes et femmes portent des fusils, des piques, des sabres et des poignards ; le Carrousel, les cours et le jardin des Tuileries sont tout-à-coup remplis d'une foule immense ; la porte de L'œil-de-bœuf, qui était gardée par les Suisses, est ébranlée et forcée ; des cris sanguinaires se font entendre ; on parle d'égorger le Roi ; il se présente aux assassins ; ses gardes tirent leurs épées contre ces furieux « Non, Non, leur dit-il tranquillement, « remettez vos épées dans le fourreau, je vous « l'ordonne. »

Louis parle aux chefs de la populace ; ils sont frappés de son air calme et imposant. « l'homme « de bien, leur dit ce Monarque qui a la cons- « cience pure ne tremble jamais, il n'y a que ceux « qui ont quelque chose à se reprocher qui doivent « avoir peur. »

Cependant plusieurs de ces forcénés entrent dans les appartemens ; où est la Reine ; s'écrie-t'on, *nous voulons sa tête* ; madame Elisabeth se montre à ces cannibales ; *la voici*, leur dit-elle avec fermeté ; mais on découvre bientôt ce vertueux mensonge, et le pieux dévouement de cette Princesse, étonne, arrête les meurtriers, et sauve en ce moment la Reine, qui voulait partager les dangers du Roi, et qui était retenue dans la grande salle du conseil avec ses enfans ; une double haie de Gardes nationales se place autour d'Elle, et une autre haie défend les issues des deux extrêmités.

Pendant ce temps le Roi est entouré d'assassins : ceux répandus dans les cours et dans les jardins, ou qui étaient montés aux fenêtres et jusques sur les toîts, demandent à grands cris la tête du Roi et celle de la Reine ; un des bandits entrés dans les appartemens place audacieusement sur la tête de Louis le bonnet couleur de sang (1) ; Santerre, resté dans les cours, pénètre avec ses satellites dans l'intérieur du château ; il s'impatiente, il veut la mort de la Reine ; il arrive dans la salle où était cette Princesse ; il la regarde et parait interdit ; le crime tremble à la vue de l'innocence ; il devait y avoir un signal pour commencer le carnage, le signal ne fut pas donné ; Santerre ordonne la retraite et l'on se retire ; *le coup est manqué*, dit-on, et l'on paraît remettre à un autre jour les scènes sanglantes.

Elles furent ajournées au 10 août ; le Roi est averti du projet des factieux ; il attend la mort sans en être effrayé. Le parti des Jacobins dominait, il triomphait, il demandait le sang de Louis. Qu'elle journée que celle du 10 août, où Paris fut le théâtre des plus horribles excès !

---

(1) Quelques écrivains ont rapporté que le bonnet rouge lui fut présenté par un homme du peuple, et que Louis s'en couvrit lui-même.

)

Dans la nuit qui précéda cette fatale journée le Roi ne se coucha point; il se jetta sur son lit tout habillé; il s'était préparé à la défense sur les avis des membres du Département et de la Commune, mais il ne pouvait compter que sur les Suisses et sur un petit nombre de Gardes nationales. Parmi les braves qui voulurent alors servir de rempart à Louis, la postérité conservera le nom du vieux maréchal de Mailly, qui était venu, malgré son grand âge, lui offrir ses services, et qui désirait mourir en défendant son maître.

Bientôt le son alarmant du tocsin se fait entendre; les brigands sont armés; ils arrivent de toutes parts; Chabot et Danton les haranguent; ils sont précédés des troupes Marseillaises, qu'on avait envoyées à Paris; Louis les voit venir; il saisit le bras du maréchal de Mailly; « Général, dit le Roi avec fermeté, je ne » vous abandonnerai pas aujourd'hui, et je mourrai » à vos cotés ». Mais la défense était impossible contre une si grande multitude. Le Monarque avait alors près de lui quelques membres du Département; on lui avait conseillé de s'environner des principaux membres de la Convention, mais elle avait refusé d'envoyer une députation.

La populace fait entendre des cris de rage, le danger parait pressant; on propose au Roi de se retirer au sein de l'Assemblée nationale (1); on in-

---

(1) Ce fut Rœderer, alors procurent-général du département, qui donna cet avis, voir la note 4.

siste, on prétend que c'est le seul moyen de sauver la famille royale : Louis, et surtout la Reine combattent ce projet, cependant ils cèdent à l'orage ; ils se rendent à la Convention ; la voiture du Roi est entourée de Gardes nationales : les factieux voient dans ce sacrifice de Louis sa chûte et leur triomphe. En arrivant à l'Assemblée nationale, le Roi dit : Je suis
» venu ici pour éviter un grand crime ; je me crois
» en sureté, avec ma famille, au milieu des repré-
» sentans de la nation, j'y passerai la journée ».

Pendant que Louis, rempli d'une malheureuse confiance, s'était livré ainsi à la Convention, des scènes d'horreur se passaient sur la place du Carouzel et dans les Tuileries : le bruit des fusils et de l'artillerie se fait entendre ; les insurgés ont pointé et tiré leurs canons sur le palais des Rois ; envain les Suisses veulent opposer quelque résistance ; en vain ces braves se sacrifient dans un combat inégal ; la populace soutenue par les colonnes des Marseillais, en fait un affreux carnage, leurs cadavres sont mutilés et déchirés ; mais ô comble de fureur et d'atrocité ! on vit même des monstres en préparer d'horribles festins.

Le Roi et la Reine, retirés dans une petite Salle dépendant de la Convention (1), entendent les récits de cette affreuse journée, interrompus par les cris de *vive la liberté* ; ils sont l'objet des insultes

(1) La loge des rédacteurs du logographe.

de quelques représentans forcenés ; au récit de tant d'atrocités, Louis est accablé de douleur, et le visage de la Reine se sillonne de larmes. Des Jacobins demandent de prononcer la déchéance du Roi, comme un moyen d'appaiser le peuple : Mais pour délibérer plus facilement sur les motions barbares présentées à l'assemblée, il faut éloigner la famille Royale ; et l'on ordonne qu'elle sera transportée au Temple, par mesure de sureté (1); Petion et Manuel sont chargés d'accompagner les augustes captifs, et des Gardes nationales servent d'escorte.

Par suite des attentats du 10 août, le peuple avait brisé les statues des Rois qui décoraient les places publiques ; on n'avait pas même respecté celle du bon Henri ; en passant sur la place Vendôme, on fit arrêter la voiture du Roi, pour qu'il vit la statue équestre de Louis Le Grand, renversée de son piédestal, et brisée par la populace (2) ; on n'a pas même pour Louis XVI les convenances et la pitié que l'on doit au malheur.

Le jour de l'emprisonnement de la famille Royale fut un jour de fête pour les anarchistes ; de

---

(1) Depuis le 10 août la famille royale habita trois jours la maison des Feuillans.

(2) *C'est ainsi que sont traités les tyrans*, criait cette populace ; ce fut à peu près à cette même époque que des brigands pillèrent l'Abbaye de Saint-Denis, brisèrent ses tombeaux, et jettèrent aux vents les cendres des Rois et des Reines de France.

nombreux factionnaires sont distribués dans l'intérieur du Temple; ils observent la garde la plus sévère; et la Convention refuse au Roi et à la Reine dans leur captivité les choses les plus nécessaires; ils manquent d'argent, de linge, de vêtemens; ils sont réduits à recevoir ces secours de quelques sujets fidèles.

Bientôt ce ne sont plus les appartemens les plus décens du Temple qui vont être l'asyle de Louis et de sa famille, mais c'est dans la tour de cet antique édifice, dans un donjon, dans un triste réduit, mal éclairé, couronné de crénaux, et entouré d'un vaste fossé; c'est là que l'homme juste doit attendre les persécutions et la mort : on a séparé de la famille royale les personnes fidèles, qui étaient venues partager sa détention (1) : Louis est soumis à de cruels espions, vils commissaires de la Commune; il est privé de tous instruments tranchants, et même de plumes, d'encre, de papier, de crayons; mais du moins il est auprès de la Reine, de ses enfans et de madame Elisabeth; ces illustres prisonniers s'adoucis-

---

(1) La princesse de Lamballe, madame et mademoiselle de Tourzel avaient suivi la Reine au Temple; la convention ordonna qu'elle serait privée de cette société. On éloigna également les personnes de service. MM. Hue, et Cléry restèrent seuls auprès du Roi en qualité de valets de chambre; mais dans la suite on ne laissa que ce dernier, qui donna ses soins à Louis XVI jusqu'à sa mort.

sent par leurs soins mutuels les peines d'une dure captivité ; la lecture les console, et Louis se livre à l'éducation de son fils. Il lui enseigne les élémens de la géographie ; et en lui parlant de l'Angleterre, il s'arrête sur la fin tragique de Charles I.er : L'auguste enfant, en écoutant les développemens historiques y reconnait tant de rapports avec les malheurs de son père, qu'il ne peut retenir ses sanglots et ses larmes.

Pendant la détention de la famille Royale on décrêta la déchéance de Louis et la suppression de la liste civile ; les personnes dévouées, ou attachées par leur rang à ces illustres infortunés, sont arrêtées, jettées dans les prisons ; quelques-unes sont traduites pour la forme au tribunal révolutionnaire, et envoyées à l'échafaud ; mais ces mesures sont trop lentes pour les assassins ; il faut un grand nombre de bourreaux pour égorger tant de victimes amoncelées dans les cachots *de Bicêtre, de La Force, et de l'Abbaye* ; Robespierre et Danton font venir des meurtriers choisis parmi les galériens de Marseille, et le deux septembre fut le jour marqué pour ces horribles boucheries (1); ni la vieillesse, ni l'enfance, ni la beauté, ni la vertu ne furent épargnées, et les monstres rassasiés de sang, poussèrent la férocité jusqu'à trainer dans

(1) Les massacres durèrent jusqu'au 6 ; les assassins commencèrent par égorger deux cents prêtres qui étaient dans la prison des Carmes ; cinq mille victimes furent immolées dans ces affreuses journées.

les rues les cadavres de plusieurs victimes ; l'on vit ces cannibales porter au bout d'une pique la tête de la belle Princesse de Lambale, et entrer au Temple pour offrir ce spectacle à la Reine, l'amie de cette Princesse.

La Reine et madame Elisabeth, sont instruites des horreurs de cette funeste journée, et elles répandent un torrent de larmes.

La religion offre à Louis quelques consolations contre les chagrins qui déchirent son cœur ; c'est dans la prière, c'est dans la méditation des souffrances du fils d'un Dieu, supportant tous les outrages et torturé par ses bourreaux, que Louis veut apprendre à mourir (1).

Les factieux sanguinaires sont impatiens ; on veut hâter le moment du martyr de ce Roi vertueux ; on provoque son assassinat sous la forme d'un jugement.

Déja Louis Capet, (c'est le nom qu'on lui donne, parce qu'on le croit humiliant), déja cet infortuné Monarque est mandé à la barre de la Convention nationale, pour y prêter interrogatoire : on oublie, on viole la constitution, qui déclare la personne du Roi inviolable et sacrée.

Mais on veut surtout dans son malheur lui ravir toute espèce de consolations ; on le sépare de sa fa-

(1) Le Roi lisait souvent pendant sa détention l'Imitation de Jésus-Christ.

mille; on lui arrache même son fils, qui atteignait à peine sa septième année : Louis est réduit à gémir seul dans sa captivité.

De quoi va-t-on accuser ce Monarque ? il ne peut exister de crime dans une âme aussi pure; mais la calomnie sait transformer en trahison et en conspiration contre l'état, les actions les plus innocentes de ce Prince.

On l'accuse d'avoir envoyé de l'argent à ses frères émigrés, et d'avoir favorisé l'émigration, lui qui avait écrit et fait ses efforts pour l'arrêter.

On l'accuse d'avoir provoqué l'invasion des puissances étrangères sur le territoire français, lui qui avait engagé le Roi de Prusse à retirer ses armées qui entraient dans la Champagne.

On l'accuse d'être la cause de la disette de bleds, lui qui gémissait des accaparemens que les chefs de ses plus cruels ennemis faisaient faire secrètement pour porter le peuple à la haîne et à la révolte.

On l'accuse d'avoir voulu abandonner Paris, et d'avoir correspondu avec plusieurs personnages pour favoriser son éloignement de la Capitale, comme s'il n'était pas permis de sortir des dangers et de l'humiliation auxquels on est sans cesse exposé.

C'est d'après des accusations de ce genre, que Louis est traité de conspirateur contre la sureté publique et contre la liberté nationale.

La Convention est à la fois juge et accusatrice dans cet étrange procès.

Des orateurs frenétiques et sanguinaires, montent dans les tribunes ; ils prétendent qu'il faut éviter la lenteur des formes juridiques dans le procès de Louis; ils répètent que la meilleure manière de juger un Roi, c'est la plus courte ; celle de Sœvola et de Brutus.

Louis paraît à la barre de la Convention (1) ; il est interrogé par le président (2) ; il répond à tout avec précision, avec sagesse, avec dignité. Le plus profond silence s'observe ; on est dans un grand étonnement de voir le successeur de tant de Rois, mis en jugement par ses propres sujets. Quel sera le résultat de ce procès affreux ? Cette pensée occupe tous les esprits. La pitié, la stupeur, l'effroi, la haine et la fureur se peignent sur les visages des spectateurs, selon qu'ils sont amis ou ennemis de ce malheureux Prince.

On accuse Louis d'avoir attenté par différens moyens à la liberté nationale ; il refute et détruit, avec sang-froid, cette accusation ; ce n'est que lorsqu'on lui reproche d'avoir fait verser le sang du peuple à la

---

(1) Le 11 Décembre 1792.

(2) C'était Barrère qui présidait : il lui parla en ces termes : » Louis, la nation Française vous accuse ; la Convention nationale a décrété le 3 Décembre, que vous seriez jugé par » elle ; le 6 Décembre elle a décrété que vous seriez entendu » aujourd'hui à sa barre. Vous allez entendre l'acte énonciatif » des délits qui vous sont imputés. Vous pouvez vous asseoir. »

journée du 10 août, qu'il est saisi d'un mouveme d'indignation, lui qui avait défendu à ses gardes tout acte d'agression, lui qui s'était retiré au sein de la Convention quand le combat s'engagea, lui qui avait fait ordonner aux Suisses, qui venaient alors de Courbevoye, de rétrograder.

Louis a fini de répondre aux questions du président; il demande la communication de l'acte d'accusation, ainsi que des pièces qu'on lui oppose, et la faculté de se choisir un défenseur : la Convention délibère sur l'objet de cette demande comme si l'on pouvait priver Louis de ce droit qui appartient à tous les accusés; il lui est accordé après un long débat, et il est reconduit au Temple (1).

Le Roi, parti à jeun de sa prison, était fatigué par ce long interrogatoire; il a besoin de nourriture, il sent la nature défaillir; un huissier de la Convention apporte un morceau de pain au successeur de saint Louis et d'Henri IV. Quelle humiliation! quelle position déchirante!

Parmi les Conventionnels, le parti de la Montagne voulait la mort prompte de Louis (2); les autres ne voulaient que la déchéance; quelques-uns demandaient

(1) Ce ne fut que le 16 décembre que l'acte d'accusation et les pièces du procès furent communiqués au Roi : la plupart de pièces avaient été trouvées aux Tuileries, dans une armoire secrète, nommée, par le ministre Roland, *armoire de fer*. (Voir les Mémoires de ce Ministre.)

(2) Un d'eux s'écria : *Je suis d'avis que Louis Capet soi pendu cette nuit;* et l'assemblée rit de l'impatience de ce barbare

seulement que Louis servît d'otage contre les puissances ennemies.

Plusieurs personnes s'offrirent pour défendre Louis; dans ce nombre était M. de Lally-Tollendal, qui déjà s'était distingué par son éloquence (1); mais MM. de Malesherbes (2), Desèze et Tronchet, obtinrent cet honneur immortel.

Louis ne doute plus que sa mort ne soit résolue, mais il veut laisser à la postérité sa justification. Il dit au vertueux Malesherbes : « *Je m'attends à la* » *mort, et suis prêt à la recevoir* ».

Rempli de cette idée, Louis s'est occupé de faire son testament, monument précieux, qui peindra à jamais l'âme généreuse de ce Monarque, et qui semble avoir été écrit sous la dictée de la Divinité (3)..

Peu de jours sont accordés à Louis pour composer sa défense; mais ses généreux conseils s'en occupent sans cesse avec le plus entier dévouement. Que leurs veilles étaient glorieuses! que leur ministère était

---

(1) M. de Lally-Tollendal avait publié, avec un grand talent oratoire, plusieurs écrits pour la réhabilitation de la mémoire de son père. Les autres personnes qui demandèrent à défendre Louis XVI, furent M. Marigneux, l'abbé Gorbin, MM. Nicolaï, le marquis de Beauharnais, Pichois, Monnier, Huet de Gerville, et Sourdat; le comte de Lauraguais, Guillaume, avocat; Dantraigues, Dugour, Riston, Malouet, Laroque, Louis de Narbonne, Bertrand de Molleville. Madame Olympe de Gouges demanda d'aider M. de Malesherbes dans la défense du Roi.

(2) Voir la note 5.

(3) Voir la note 6.

noble et pieux ! c'était le zèle extrême de la vertu défendant l'extrême malheur.

Mais déjà le digne avocat de Louis est près de faire entendre sa justification.

Le 26 décembre, le successeur de tant de Rois comparaît de nouveau devant la Convention, et M. Desèze prononce sa défense.

Ce plaidoyer, fort de raisonnemens victorieux, portait la conviction dans tous les esprits; il produisit la plus vive impression (1).

Aussitôt que l'orateur eut terminé son discours, Louis adressa quelques réflexions à ses juges, et il parla avec tant de noblesse et de sensibilité qu'il avait ému tous ceux dont les cœurs n'étaient pas fermé à la justice et à l'humanité (2). On devait juger sans désemparer; plut à Dieu que l'arrêt eût été prononcé sur-le-champ, la France, sans doute, n'aurait pas été chargée de la honte d'un régicide ! Les esprits étaient frappés des moyens présentés dans la défense de Louis, et les âmes étaient touchées de ce spectacle déchirant, de tant d'infortunes et de tant d'humiliations.

Mais les ennemis du ce malheureux Prince, craignent cette incertitude, cet ébranlement dans les opinions; on veut faire jouer tous les ressorts pour en-

(1) Voir la note 7.

(2) Voir la note 8.

traîner sa condamnation, l'on ajourne la prononciation du jugement (1).

Le 17 janvier l'arrêt fatal est prononcé, et Louis est condamné à la peine de mort (2).

Le Roi fit proposer, par ses défenseurs, l'appel au peuple du jugement qui le condamnait (3).

En vain MM. Desèze et Tronchet firent valoir toutes les considérations pour obtenir cet appel; en vain ils demontrèrent qu'il fallait au moins la majorité des deux tiers de voix pour condamner Louis, puisque suivant la législation d'alors on exigeait cette majorité pour la condamnation des plus vils scélérats, et cinq voix avaient suffi pour entraîner celle du Roi! Mais, ni les raisonnemens de ces deux orateurs, ni l'émotion touchante du vénérable Malesherbes, qui se troublait à chaque phrase, et qui ne pouvait retenir ses pleurs, tout fut impuissant sur l'âme des barbares qui s'impatientaient de voir couler le sang de Louis. Cet appel fut rejeté, ainsi que le sursis, qui avait été demandé et voté par beaucoup de membres de la Convention.

Le 20 janvier l'arrêt de mort est notifié à Louis; il

---

(1) Voir la note 9.

(2) A la majorité de 366 voix sur 721 votans. L'assemblée se composait de 749 membres, mais 15 étaient absens par commission, 7 par maladie, 1 sans cause, 5 non votans; en tout 28 manquans.

(3) Voir note 10.

en entend la lecture avec sang-froid et avec dignité (1); il demande trois jours pour se préparer religieusement au sacrifice de sa vie ; on lui refuse ce délai, mais on lui accorde un ministre du culte et la liberté de voir sa famille (2).

Que les consolations de la religion ont de force pour les mortels quand notre dernière heure est près de sonner ! plus l'homme se crut heureux au sein des grandeurs, des plaisirs ou de l'opulence, plus il s'attache à la vie; mais l'infortuné, soutenu par la religion, la quitte sans regret et sans douleur; c'est dans ces momens, où il va passer dans les bras de la mort, que

(1) Le fameux révolutionnaire Hébert, qui était présent à cette notification, s'exprimait ainsi dans son journal du *père Duchesne*.

« Des pleurs de rage viennent mouiller mes paupières. Il y » avait dans ses manières et dans ses regards, quelque chose de » visiblement surnaturel à l'homme. Je me retirai en voulant retenir des larmes qui coulaient malgré moi, et bien résolu de » finir là mon ministère. Je m'en ouvris à un de mes collègues, » qui n'avait pas plus de fermeté que moi pour le continuer, et je » lui dis avec ma franchise ordinaire : Mon ami, les prêtres, » membres de la Convention, en votant pour la mort, quoique » la sainteté de leur ministère le leur défendit, ont formé la majorité qui nous délivre du tyran. Hé bien, que ce soient aussi des » prêtres constitutionnels qui le conduisent à l'échafaud : nous » fîmes en effet décider, mon collègue et moi, que ce seraient » les deux prêtres municipaux, Jacques Roux et Pierre Bernard, » qui conduiraient Louis à la mort. »

(2) Voir la note 11.

les vertus chrétiennes exercent sur son âme le plus doux et le plus consolant empire; Louis embrasse avec transport M. de Malesherbes, qui vient lui annoncer l'arrivée du confesseur de la foi.

Bientôt après le Roi revoit sa famille; à la sérénité de son visage, elle croit qu'il est absous, mais il annonce au contraire qu'il vient lui faire un dernier adieu; la Reine et Madame Elisabeth se précipitent dans ses bras, elles poussent des cris de douleur et de désespoir; Madame Royale et le jeune Dauphin tiennent ses genoux embrassés, qu'ils baignent de larmes. Derrière un vitrage des surveillans cruels contemplent cette scène déchirante; ils voient le plus malheureux père pleurant sur ces infortunés, qu'il serrait dans ses bras : cette triste famille désire le revoir le lendemain matin : Louis le promet; et en quittant pour toujours sa femme, sa sœur et ses enfans, son âme est déchirée de douleur, il ne peut plus retenir ses sanglots étouffés (1).

Louis rentre dans son appartement; il s'entretient avec le ministre de la religion; il reçoit le saint viatique et se prépare au martyr. Cette pieuse cérémonie étant terminée, Louis dit : « J'ai besoin de force pour » le voyage que j'ai à faire, je vais me jeter sur mon » lit, » et il dormit d'un sommeil tranquille; ô vertu, ô puissance de la religion, voilà de tes effets! Louis

(1) Voir la note 12.

ne voit plus que l'éternité, et il attend avec calme l'instant de son supplice.

A cinq heures, Cléry (1) le réveilla, ainsi qu'il l'avait ordonné. Il se fait habiller, il s'entretient tranquillement de sa fin, et console ce fidèle serviteur, qui fondait en larmes : il lui dit : « Vous remettrez ce cachet à » mon fils, cet anneau à la Reine : dites-leur que je les » quitte avec peine, faites-leur mes adieux ; j'avais » promis de les revoir ; j'ai voulu leur éviter une sépa» ration aussi cruelle. » Et il prononça ces derniers mots avec l'accent le plus douloureux.

Mais l'heure fatale approche ; déjà le bruit des tambours se fait entendre ; les portes s'ouvrent avec fracas : Santerre arrive ; il est suivi d'officiers municipaux et de gendarmes : « Vous venez me chercher, dit le Roi ; *attendez-moi là, dans quelques minutes je serai à vous. --- Partons,* » ajouta-t-il avec fermeté, après avoir reçu à genoux la bénédiction de son confesseur (2).

Le Roi s'adresse à un officier municipal, en le priant de remettre à la Reine un papier qui contenait son testament ; il refuse : *Je n'ai d'autre mission*, répond cet homme exécrable, *que de vous conduire à l'échafaud*. Un membre de la commune accepte ce message.

Louis traverse la cour du Temple ; il se retourne plusieurs fois avec douleur vers la tour qui renfermait

(1) Son valet de chambre.

(2) Voir la note 13.

la Reine et sa famille ; il monte avec assurance dans la voiture qui le conduit à l'échafaud ; il a près de lui deux gendarmes qui avaient reçu l'ordre de le poignarder, si le peuple tentait la moindre insurrection pour le sauver.

Louis n'est plus occupé que des pensées célestes ; il attend la mort avec la résignation et la foi des martyrs. Le digne ecclésiastique qui l'accompagne est étonné de trouver dans une âme humaine un courage aussi héroïque. Mais quels souvenirs attendrissans et cruels ! ce bon Roi marche à la mort en pardonnant à ses persécuteurs et à ceux qui ont voté son supplice. « Je sais bien, disait-il, que les Français me regret- » teront un jour. Oui, je suis sûr qu'ils me rendront » justice quand ils auront la liberté d'être justes. » Il traverse depuis le Temple jusqu'à la place Louis XV entre une double haie de Gardes nationales et de troupes armées de fusils et de piques ; une multitude de tambours sont placés en avant comme pour étouffer les cris qui auraient pu se faire entendre en faveur du Roi. Cependant la consternation et l'effroi se remarquent sur un grand nombre de visages. Les amis de ce Monarque espéraient que le peuple demanderait grâce, et ne permettrait pas cet affreux sacrifice : mais, vaine espérance ! la terreur dominait tous les esprits ; personne ne paraissait ni aux portes ni aux fenêtres.

Louis arrive au lieu du supplice ; il descend : les bourreaux s'approchent ; il les repousse avec fierté, et se déshabille lui-même; on lui coupe les cheveux; on veut lui lier les mains; c'est alors qu'il fait quelque résistance : « *Que prétendez-vous*, leur dit le Prince ; » « *Vous lier*, répond un des bourreaux :» «*Faites ce qui vous est commandé, mais vous ne me lierez pas, renoncez à ce projet.*» « *Encore cette conformité de souffrances avec Jésus-Christ*, » lui dit son confesseur, et Louis tend ses mains aux exécuteurs, en leur répétant : « *Faites donc ce que vous voudrez ; je boirai le calice jusqu'à la lie* (1) » Sur les marches de l'échafaud, le digne ministre de la religion lui adresse ces dernières et sublimes paroles : « *Fils de Saint-Louis, montez au Ciel.* »

Louis étant sur l'échafaud se retourne, il veut parler au peuple; mais on n'entendit que ces mots prononcés d'une voix forte : *Français, je meurs innocent; je pardonne à mes ennemis, je désire que mon sang.....* Aussitôt Santerre ordonne avec fureur un roulement continuel de tambours, pour étouffer la voix de la victime, et bientôt le sacrifice est consommé!.... (2)

Cet odieux attentat soulève en France les royalistes,

---

(1) Voir les Mémoires de l'abbé Edgeworth.

(2) Le 21 janvier 1793 à dix heures dix minutes du matin; aussitôt que la tête du Roi fut séparée du tronc, un jeune homme de seize à dix-huit ans, qui faisait les fonctions de garçon bourreau, la saisit par les cheveux, et dansait sur l'échafaud en la montrant au peuple, et en criant, *vive la nation*. Voir la note 14.

augmente l'émigration, excite les guerres des Chouans et de la Vendée, porte l'indignation chez les puissances étrangères, resserre la ligue de l'Angleterre, de l'Espagne et de la Hollande; on prend le deuil dans les cours du Nord et du Midi, et Pie VI ordonne des prières solennelles à l'occasion de la mort de ce Roi vertueux. Alors il semble que tous les désordres, que tous les malheurs, que tous les genres de crimes vont accabler notre patrie; les champs de batailles sont couverts des cadavres de nos guerriers; la France est livrée aux horreurs de la guerre civile, et chaque ville voit couler à flots le sang Français, ou par la hache des bourreaux, ou par le fer des assassins.

Mais à quoi ne devait-on pas s'attendre, puisqu'on avait commis cet affreux régicide? bientôt la Reine de France périt sur l'échafaud, sans être plus coupable que Louis (1), et la vertueuse madame Élisabeth, dont la piété égalait la bienfaisance, fut aussi immolée par la main des bourreaux (2); elle est conduite au supplice avec d'autres victimes, et par un rafinement inoui de férocité, on veut qu'elle voie trancher la tête des infortunés qui ont marché avec elle à la mort; en la reservant pour la dernière exécution; en lui offrant ce cruel spectacle, on veut lui faire souffrir tous les tourmens, toutes les horreurs du trépas.

---

(1) Voir la note 15.

(2) Voir la note 16.

O temps à jamais déplorable, où l'on vit les Français agités par une sorte de vertige, ne connaissant plus que le génie du mal ! cruelle et funeste époque, où la patrie des sciences, des beaux arts et du goût retombait progressivement dans la plus affreuse barbarie, où l'humanité et toutes les vertus semblaient bannies de la France ; où la nature avait perdu tous ses droits ; où la mère ne pouvait secourir son enfant exilé ; où l'épouse qui suivait son époux était porté sur des listes de proscriptions et de mort ; où le fils ne pouvait donner un asyle à son père, sans être condamné au dernier supplice : l'histoire en retraçant toutes ces horreurs à la postérité, redira qu'alors la France était couverte d'échafauds ; que l'on fit gloire des inventions les plus barbares, pour immoler avec célérité un plus grand nombre de victimes ; que les talens, les vertus, la fortune étaient des titres pour être condamnés à la mort ; que tout ce qui tient à la morale et à la religion était traité de préjugés ridicules ; que des prêtres parjures et sacrilèges proclamaient audacieusement qu'ils avaient trompé le peuple, en professant le culte catholique ; alors les temples du Dieu de paix et de miséricorde étaient détruits, les autels brisés, les tombeaux profanés, les morts arrachés de leur sépulture ; les révolutionnaires avaient subtitué au culte antique des Chrétiens, celui *de la Raison*, *de la Montagne*, *et de la Liberté* ; et l'on vit des femmes impudiques, de viles prostituées transformées en

Déesses, devenir dans nos temples, l'objet des adorations et d'un culte religieux (1).

Les Français, ou plutôt les factieux avaient immolé leur Roi, et en détruisant cette colonne fondamentale du corps politique, la France devait nécessairement tomber dans cette horrible confusion: c'est alors qu'elle n'est plus gouvernée que par des bourreaux, qui se disent les représentans de la nation; c'est alors que les factions sans cesse renaissantes se combattent, se détruisent elles mêmes; et les chefs de ces factions sont envoyés à la mort par ceux qui sont restés vainqueurs dans ces luttes sanglantes: ces insensés rêvent l'idée d'une république; ils prennent fièrement le nom de républicains; ils prétendent donner aux Français les mœurs et les usages des Grecs et des Romains: on confond les lieux, les temps et les hommes; on essaye vainement de toutes les constitutions, de toutes les formes de gouvernement, et l'on reconnait trop tard que la France ne peut être bien gouvernée que par une monarchie.

Mais oublions, s'il est possible, ces temps d'erreurs et de calamités; pardonnons à nos frères égarés; considérons l'immortel testament de Louis XVI; si ce Monarque pouvait apparoître parmi nous, il accorderait ce généreux pardon qu'il recom-

---

(1) On se rappelle avec étonnement les déesses de la *Raison* et de la *Liberté*, et les ridicules cérémonies dont elles étaient l'objet.

mandait à son fils. Pleurons donc, Français, pleurons ce bon Roi sacrifié à la fureur des passions : que le 21 janvier soit pour nous, et surtout pour les coupables, un jour de deuil et de larmes; qu'un monument expiatoire soit élevé au lieu même où le sang de Louis fut versé, pour attester à la postérité le repentir et l'horreur des Français pour un crime qui ne fut pas toutefois celui de leur nation, comme l'histoire apprendra dans ses annales à quels maux ils ont été livrés pour avoir voulu renverser le trône de leurs Rois!

En jetant sur le passé un voile épais et funèbre, en accordant un généreux pardon, songeons que notre intérêt, que notre repos, que celui du monde nous en font une loi; songeons que les haines politiques enfantent les révolutions : ah! plutôt que le souvenir effrayant de celles que nous avons éprouvées nous en préserve à l'avenir! N'ayons plus maintenant qu'un même esprit pour le bien public, qu'un même dévouement pour la patrie, qu'un même amour pour notre Souverain, qui, en remontant sur le trône de ses pères, a religieusement exécuté le testament de son vertueux frère!

FIN.

NOTES ET PIÈCES OFFICIELLES.

(1) *Discours de* Louis XVI, *à l'ouverture des États-Généraux.*

« Messieurs,

» Ce jour que mon cœur attendait depuis long-temps est enfin arrivé ; et je me vois entouré des représentans de la nation à laquelle je me fais gloire de commander.

» Un long intervalle s'était écoulé depuis les dernières tenues des États-Généraux ; et, quoique la convocation de ces assemblées parût être tombée en désuétude, je n'ai pas balancé à rétablir un usage dont le royaume peut tirer une nouvelle force, et qui peut ouvrir à la nation une nouvelle source de bonheur.

» La dette de l'État, déjà immense à mon avénement au trône, s'est encore accrue sous mon règne; une guerre dispendieuse, mais honorable, en a été la cause. L'augmentation des impôts en a été la suite nécessaire, et a rendu plus sensible leur inégale répartition.

» Une inquiétude générale, un désir exagéré d'innovations, se sont emparés des esprits, et finiraient par garer totalement les opinions, si l'on ne se hâtait de :s fixer par une réunion d'avis sages et modérés.

» C'est dans cette confiance, Messieurs, que je vous i rassemblés; et je vois avec sensibilité qu'elle a déjà té justifiée par les dispositions que les deux premiers rdres ont montrées à renoncer à leurs priviléges péuniaires. L'espérance que j'ai conçue de voir tous les rdres, réunis de sentimens, concourir avec moi au bien énéral de l'État, ne sera pas trompée.

» J'ai déjà ordonné, dans les dépenses, des retranhemens considérables. Vous me présenterez encore, cet égard, des idées que je recevrai avec empressement. Mais, malgré la ressource que peut offrir l'économie a plus sévère, je crains, Messieurs, de ne pouvoir pas oulager mes sujets aussi promptement que je le désiais. Je ferai mettre sous vos yeux la situation exacte les finances, et, quand vous l'aurez examinée, je suis ssuré d'avance que vous me proposerez les moyens es plus efficaces pour y rétablir un ordre permanent, :t affermir le crédit public. Ce grand et salutaire ou-rage, qui assurera le bonheur du royaume en dedans :t sa considération au dehors, vous occupera essentiellement.

» Les esprits sont dans l'agitation; mais une assemblée des représentans de la nation n'écoutera sans doute que les conseils de la sagesse et de la prudence. Vous aurez jugé vous-mêmes, Messieurs, qu'on s'en est écarté dans plusieurs occasions récentes; mais l'esprit dominant de vos délibérations répondra aux véritables sentimens d'une nation généreuse, dont l'amour pour ses Rois a toujours fait le caractère distinctif. j'éloignerai tout autre souvenir.

» Je connais l'autorité et la puissance d'un Roi juste au milieu d'un peuple fidèle et attaché de tout temps aux principes de la monarchie. Ils ont fait la gloire et l'éclat de la France; je dois en être le soutien, et je le serai constamment.

» Mais tout ce qu'on peut attendre du plus tendre intérêt pour le bonheur public, tout ce qu'on peut demander à un souverain, le premier ami de ses peuples, vous pouvez, vous devez l'attendre de mes sentimens.

» Puisse, Messieurs, un heureux accord régner dans cette assemblée, et cette époque devenir à jamais mémorable pour le bonheur et la prospérité du royaume! C'est le souhait de mon cœur, c'est le plus ardent de mes vœux; c'est enfin le prix que j'attends de la droiture de mes intentions et de mon amour pour mes peuples.

» Mon Garde des Sceaux va vous expliquer plus amplement mes intentions; et j'ai ordonné au directeur-général des finances de vous en exposer l'état. »

(2) Le Roi, instruit de l'esprit de fermentation qui régnait dans l'Assemblée nationale, fit proclamer à Versailles, le 20 juin 1789, la suspension des séances de cette assemblée, et annonça qu'il tiendrait une

séance royale le 22. En conséquence, les salles furent fermées : les Députés du Tiers-État s'indignèrent de trouver les portes fermées et gardées par des soldats. Malgré cette suspension, ces Députés voulurent s'assembler et délibérer : Bailly, leur président, les convoqua dans l'emplacement du jeu de Paume, rue du Vieux Versailles ; tous les membres s'y rendirent avec empressement, et là ils prêtèrent le serment suivant : « *Nous jurons de ne jamais nous séparer, et de nous rassembler partout, jusqu'à ce que la constitution du Royaume et la régénération publique soient établies.* »

(3) En arrivant à Sainte-Ménéhould, le Roi fut reconnu par le maître de poste, nommé Drouet. Voici l'extrait du rapport qu'il fit à l'Assemblée nationale, dans la séance du 24 juin 1791 :

« Je suis maître de poste à Sainte-Ménéhould, ancien dragon au régiment de Condé ; mon camarade Guillaume est un ancien dragon au régiment de la Reine. Le 21 juin, à sept heures et demie du soir, deux voitures relayèrent à la poste de Sainte-Ménéhould. Je crus reconnaître la Reine, et apercevant un homme dans le fond de la voiture, à gauche, je fus frappé de la ressemblance de sa physionomie avec l'effigie d'un assignat de cinq livres. Ces voitures étant conduites par un détachement de dragons, lequel succédait à un détachement de hussards, sous le prétexte de protéger un trésor, cette escorte me confirma dans mes soupçons, surtout lorsque je vis le commandant de ce détachement parler d'un air très animé à l'un des courriers.

» Cependant, craignant d'exciter de fausses alarmes, étant tout seul, ne pouvant consulter personne, je laissai partir les voitures; mais voyant aussitôt les dragons prêts à se mettre en mouvement pour les suivre, et voyant qu'après avoir demandé des chevaux pour Verdun, ces voitures prenaient la route de Varennes, je pris un chemin de traverse pour les rejoindre. Je les devançai à Varennes; il était onze heures du soir; il faisait très-noir, tout le monde était couché. Les voitures furent arrêtées dans une rue, par une dispute qui eut lieu entre les postillons et le maître de poste du lieu. Celui-ci voulait qu'on fît reposer et rafraîchir les chevaux selon l'usage; le Roi, au contraire, voulait accélérer son départ. Je dis à mon camarade : *Es-tu bon patriote?* -- *N'en doute pas.* --- *Eh bien*, lui répondis-je, *le Roi est à Varennes*, *il faut l'arrêter.* Alors nous descendîmes, et nous fîmes réflexion que, pour le succès de notre projet, il fallait barricader la rue et le pont où le Roi devait passer.

» En conséquence nous nous transportâmes, moi et mon camarade, près du pont de Varennes; il y avait heureusement tout près une voiture chargée de meubles; nous l'amenâmes et la culbutâmes, de manière qu'il était impossible de marcher. Alors, nous courûmes chercher le Procureur de la Commune, le Maire, le commandant de la Garde nationale; et en moins d'un quart d'heure nous fûmes réunis au nombre de huit hommes de bonne volonté. Le commandant de la Garde nationale, accompagné du Procureur de la Commune, s'approchèrent de la voiture, et demandèrent qui ils étaient et où ils allaient. La Reine répondit qu'ils étaient pressés. On insista pour avoir un passe-port; elle donna enfin son passe-port à deux gardes d'honneur, qui descendirent et vinrent à l'auberge : ce passe-port portait le nom de Madame la Baronne de Corff; quelques personnes, qui entendirent la lecture de ce passe-port, disaient qu'il devait suffire. Nous combattîmes cette idée autant que possible, parce que le passe-port n'était signé que du Roi, et qu'il devait l'être aussi par le Président de l'Assemblée nationale. « Si vous êtes une étrangère, disions-nous à la Reine, pourquoi avez-vous assez d'influence pour faire partir après vous un détachement? Pourquoi, lorsque vous passâtes par Clermont, en avez-vous eu assez pour vous faire suivre par un premier détachement? » D'après ces réflexions et notre obstination, on délibéra que les voyayeurs ne partiraient que le lendemain. Ils descendirent dans la maison du Procureur de la Commune. Alors, de lui-même, le Roi nous dit : *Voilà le Roi, voilà mon épouse et mes enfans ; nous vous conjurons de nous traiter avec les égards que les Français ont toujours eus pour leurs Rois.* Aussitôt les Gardes nationales accoururent en foule, et l'on vit en même temps arriver les hussards le sabre à la main : ils essayèrent d'approcher de la maison où était le Roi ; mais nous leur criâmes que si on voulait l'arracher, on ne l'arracherait que mort d'entre nos mains.... Le commandant de la Garde nationale eut l'attention, en outre, de faire venir deux petites pièces de canon, qu'il fit mettre à l'embouchure de la rue, par en haut, et deux autres par en bas, de manière que les hussards se trouvèrent entre deux feux. On les somma de descendre de cheval. M. Goguelas s'y refusa ; il dit qu'il voulait, avec sa troupe, garder le Roi : on lui répondit que la Garde nationale le garderait bien, et qu'elle n'avait pas besoin de son secours : il insista ; alors le commandant de la Garde nationale ordonne aux canonniers de se mettre à leurs rangs, et de faire feu ; ils prirent la mèche en main..... Mais j'ai l'honneur de vous observer qu'il n'y avait rien dans les canons.

» En un mot, le commandant de la Garde nationale et la Garde nationale firent si bien, qu'ils parvinrent à désarmer les hussards ; le Roi fut donc constitué prisonnier. Ayant ainsi rempli notre devoir, nous retournâmes chez nous au milieu des félicitations de nos concitoyens, et nous sommes venus déposer dans le sein de l'Assemblée nationale l'hommage de nos services. »

(4) Rœderer demanda à parler au Roi : « Le danger, dit-il à Sa Majesté, est au-dessus de toute expression ;

la défense est impossible. Dans la Garde nationale, il n'est qu'un petit nombre sur qui l'on puisse compter: le reste, intimidé ou corrompu, se réunira, dès le premier choc, aux assaillans. Réfugiez-vous, Sire, réfugiez-vous promptement au sein du Corps législatif. Les jours de Votre Majesté, ceux de la Famille Royale, ne peuvent être en sûreté qu'au milieu des Représentans du peuple. Sortez de ce palais; il n'y a pas un instant à perdre. » Le Roi différait de prononcer. La Reine témoignait la plus grande répugnance à se rendre auprès de l'Assemblée nationale. Quelques instans auparavant le Roi avait dit à deux gentilshommes : « *Oui, j'aimerais mieux me faire clouer aux murs du château, que de nous réfugier à l'Assemblée.* » — « *Quoi, Monsieur*, dit la Reine à Rœderer, *sommes-nous totalement abandonnés ? Personne n'agira-t-il en notre faveur ?* » « Madame, je le répète, la résistance est impossible. Voulez-vous donc vous rendre responsable du massacre du Roi, de vos enfans, de vous-même, en un mot, des fidèles serviteurs qui vous environnent ! » « *A Dieu ne plaise*, répondit la Reine; *que ne puis-je, au contraire, être la seule victime !* »

Pressé par ces considérations, le Roi, surmontant son extrême répugnance, consentit à se réfugier à l'Assemblée. « *Donnons*, dit-il, *cette dernière marque de notre amour pour le peuple.* » A l'instant, Sa Majesté ordonna que les portes fussent ouvertes, et qu'on s'abstînt de toute hostilité.

Le Roi s'était persuadé, dans la suite, que c'était par ruse qu'il avait été ainsi entraîné à la Convention; c'est ce qu'il exprime dans la lettre suivante, écrite à son frère, Monsieur, aujourd'hui Louis XVIII; lorsque la Convention ordonna que ce malheureux Prince serait transporté au Temple avec sa famille.

Paris, ce 12 août 1792, sept heures du matin.

« Mon frère,

» Je ne suis plus Roi : le cri public vous fera connaître la plus cruelle catastrophe ; je suis le plus infortuné des époux et des pères ; je suis victime de ma bonté, de la crainte, de l'espérance : c'est un mystère inconcevable d'iniquité ! on m'a tout ravi ; on a massacré mes fidèles sujets ; on m'a entraîné par ruse loin de mon palais, et l'on m'accuse ! Me voilà captif ; on me traîne en prison ; la Reine, mes enfans, Madame Elisabeth, partagent mon triste sort ; je n'en puis plus douter ! Je suis un objet odieux aux yeux des Français prévenus...... voilà le coup le plus cruel à supporter. Mon frère, bientôt je ne serai plus ; songez à venger ma mémoire en publiant combien j'aimais ce peuple ingrat ; un jour, rappelez-lui ses torts, et dites-lui que je lui ai pardonné. Adieu, mon frère, pour la dernière fois !

» *Signé*, LOUIS. »

Cette lettre ne put parvenir à son adresse : elle fut interceptée sur la frontière ; la Commune s'en empara et la fit déposer aux archives, dont elle fut tirée après le 9 thermidor. Cette lettre se retrouve dans *la Correspondance politique et confidentielle de Louis* XVI, publiée à Londres.

(5) Target, avocat, avait été choisi par Louis pour être son défenseur ; mais il refusa.

M. de Malesherbes écrivit, au contraire, à la Convention, cette lettre qui peint le caractère de cet homme vertueux.

Paris, ce 11 décembre 1792.

« CITOYEN PRÉSIDENT,

» J'ignore si la Convention donnera à Louis XVI un conseil pour le défendre, et si elle lui en laissera le choix : dans ce cas-là, je désire que Louis XVI sache que, s'il me choisit pour cette fonction, je suis prêt à m'y devouer. Je ne vous demande pas de faire part à la Convention de mon offre ; car je suis bien éloigné de me croire un personnage assez important pour qu'elle s'occupe de moi : mais j'ai été appelé deux fois au conseil de celui qui fut mon maître dans le temps que cette fonction était ambitionnée par tout le monde : je lui dois le même service, lorsque c'est une fonction que bien des gens trouvent dangereuse. Si je connaissais un moyen possible pour lui faire parvenir mes dispositions, je ne prendrais pas la liberté de m'adresser à vous. J'ai pensé que, dans la place que vous occupez, vous auriez plus de moyens que personne pour lui faire passer cet avis.

« *Signé*, LAMOIGNON DE MALESHERBES. »

Bertrand de Molleville (dans son Histoire de la Révolution de France), rapporte que des gens du peuple, indignés du refus de Target, formèrent un attroupement nombreux, et, qu'armés de verges, ils se transportèrent chez lui pour lui faire subir le châtiment de la flagellation : mais Target fut averti assez tôt de ce mouvement pour avoir le temps de se réfugier chez un ami ; il en fut quitte pour avoir sa porte couronnée de verges.

La démarche de M. de Malesherbes, qui d'ailleurs était aimé du peuple, excita l'admiration et la reconnaissance; on se transporta en foule chez lui pour l'applaudir et le complimenter; la porte de son hôtel fut couverte en un instant de couronnes de laurier, que sa modestie lui avait fait refuser.

Lorsque le Roi, informé de la demande de M. de Malesherbes, le vit entrer dans sa prison, il se précipita dans ses bras; il le serra étroitement, en répandant des larmes. L'ex-ministre ne pouvait exprimer que par des sanglots le respect et la douleur dont il était pénétré.

Le lendemain, M. de Malesherbes revint avec Tronchet, qui avait été choisi par le Roi. Comme la défense de Louis portait sur cinquante-sept chefs d'accusation, et sur un nombre infini de pièces, ces deux défenseurs n'ayant pas assez de temps pour en faire l'examen, la Convention permit de prendre un troisième conseil. Le choix fut heureux ; ce fut M. Desèze.

Le Roi était convaincu, d'après l'interrogatoire qu'il subit à la barre de la Convention, que sa mort était résolue ; mais il voulut mourir avec la dignité qui appartient à un Roi, et laisser à la postérité sa justification. Il écrivit à cet égard une lettre remarquable à M. de Malesherbes, en le remerciant de son généreux dévouement. Il manifesta l'intention de soutenir, dans sa défense, l'incompétence du tribunal devant lequel on le forçait de comparaître, ainsi que l'avait fait Charles Ier, dont il avait particulièrement étudié l'histoire. Cette lettre est tirée de la correspondance dont on a parlé dans la note précédente.

Du Temple.

« Je n'ai point de termes, mon cher Malesherbes, pour vous exprimer ma sensibilité pour votre sublime dévouement. Vous avez été au-devant de mes vœux : votre main octogénaire s'est étendue vers moi, pour me repousser de l'échafaud ; et si j'avais encore mon trône, je devrais le partager avec vous, pour me rendre digne de la moitié qu'il m'en resterait ; mais je n'ai que des chaînes, que vous me rendez plus légères en les soulevant ; je vous renvoie au Ciel et à votre propre cœur, pour vous tenir lieu de récompense. Je ne me fais pas illusion sur mon sort ; les ingrats qui m'ont détrôné ne s'arrêteront pas au milieu de leur carrière; ils auraient trop à rougir de voir sans cesse sous leurs yeux leur victime : je subirai le sort de Charles Ier., et mon sang coulera pour me punir de n'en avoir jamais versé.

» Mais ne serait-il pas possible d'ennoblir mes derniers momens? L'Assemblée nationale renferme dans son sein les dévastateurs de ma Monarchie, mes dénonciateurs, mes juges, et probablement mes bourreaux. On n'éclaire pas de pareils hommes; on ne les rend pas justes; on peut encore moins les attendrir : ne vaudrait-il pas mieux mettre quelque nerf dans ma défense, dont la faiblesse ne me sauvera pas? J'imagine qu'il faudrait l'adresser, non à la Convention, mais à la France entière, qui jugerait mes juges, et me rendrait, dans le cœur de mes peuples, une place que je n'ai jamais mérité de perdre. Alors mon rôle, à moi, se bornerait à ne point reconnaître la compétence du tribunal où la force me ferait comparaître. Je garderais un silence plein de dignité, et, en me condamnant, les hommes qui se disent mes juges, ne seraient plus que mes assassins.

» Au reste, vous êtes, mon cher Malesherbes, ainsi que M. Tronchet, qui partage votre dévouement, plus éclairé que moi : pesez dans votre sagesse mes raisons et les vôtres; je souscris aveuglément à tout ce que vous ferez; si vous assurez cette vie, je la conserverai pour vous faire ressouvenir de votre bienfait; si on nous la ravir, nous nous retrouverons, avec plus de charmes encore, au séjour de l'immortalité.

» *Signé* LOUIS. »

Le style et le caractère de cette lettre suffiraient pour en prouver l'authenticité.

(6) TESTAMENT DE LOUIS XVI.

« Au nom de la Très-Sainte Trinité, du Père, et du Fils, et du Saint-Esprit; aujourd'hui vingt-cinquième jour de décembre mil sept cent quatre-vingt-douze, moi, Louis, seizième du nom, Roi de France, étant depuis plus de quatre mois renfermé avec ma famille dans la tour du Temple, à Paris, par ceux qui étaient mes sujets, et privé de toute communication quelconque, même depuis le 11 du courant, avec ma famille; de plus, impliqué dans un procès dont il est impossible de prévoir l'issue, à cause des passions des hommes, et dont on ne trouve aucun prétexte ni moyens dans aucune loi existante; n'ayant que Dieu pour témoin de mes pensées, et auquel je puisse m'adresser, je déclare ici, en sa présence, mes dernières volontés et mes sentimens.

» Je laisse mon âme à Dieu, mon créateur. Je le prie de la recevoir dans sa miséricorde, de ne pas la juger d'après ses mérites, mais par ceux de Notre-Seigneur Jésus-Christ, qui s'est offert en sacrifice à Dieu son père, pour nous autres hommes, quelqu'indignes que nous en fussions, et moi le premier.

» Je meurs dans l'union de notre sainte mère l'Eglise Catholique, Apostolique et Romaine, qui tient ses pouvoirs, par une succession non interrompue, de Saint Pierre, auquel Jésus-Christ les avait confiés.

» Je crois fermement et je confesse tout ce qui est contenu dans le symbole et les commandemens de Dieu et de l'Eglise, les sacremens et les mystères, tels que l'Eglise Catholique les enseigne et les a toujours enseignés. Je n'ai jamais prétendu me rendre juge dans les différentes manières d'expliquer les dogmes qui déchirent l'Eglise de Jésus-Christ; mais je m'en suis rapporté et rapporterai toujours, si Dieu m'accorde vie, aux décisions que les supérieurs ecclésiastiques, unis à la sainte Eglise Catholique, donnent et donneront, conformément à la discipline de l'Eglise, suivie depuis Jésus-Christ.

» Je plains de tout mon cœur nos frères qui peuvent être dans l'erreur; mais je ne prétends pas les juger, et je ne les aime pas moins tous en Jésus-Christ, suivant ce que la charité chrétienne nous enseigne. Je prie Dieu de me pardonner tous mes péchés; j'ai cherché à les connaître scrupuleusement, à les détester et à m'humilier en sa présence. Ne pouvant me servir du ministère d'un Prêtre catholique, je prie Dieu de recevoir la confession que je lui en ai faite, et surtout le repentir profond que j'ai d'avoir mis mon nom (quoique cela fût contre ma volonté) à des actes qui peuvent être contraires à la discipline et à la croyance de l'Eglise Catholique, à laquelle je suis toujours resté sincèrement uni de cœur. Je prie Dieu de recevoir la ferme résolution où je suis, s'il m'accorde vie, de me servir, aussitôt que je le pourrai, du ministère d'un Prêtre catholique, pour m'accuser de tous mes péchés et recevoir le Sacrement de Pénitence.

» Je prie tous ceux que je pourrais avoir offensés par inadvertance (car je ne me rappelle pas d'avoir fait sciemment aucune offense à personne), ou ceux à qui j'aurais pu avoir donné de mauvais exemples ou des scandales, de me pardonner le mal qu'ils croient que je peux leur avoir fait. Je prie tous ceux qui ont de la charité, d'unir leurs prières aux miennes, pour obtenir de Dieu le pardon de mes péchés.

» Je pardonne de tout mon cœur à ceux qui se sont fait mes ennemis, sans que je leur en aie donné aucun sujet; et je prie Dieu de leur pardonner, de même qu'à ceux qui, par un faux zèle ou par un zèle mal entendu, m'ont fait beaucoup de mal.

» Je recommande à Dieu ma femme et mes enfans, ma sœur, ma tante, mes frères et tous ceux qui me sont attachés par les liens du sang ou par quelque autre manière que ce puisse être. Je prie Dieu particulièrement de jeter des yeux de miséricorde sur ma femme, mes enfans et ma sœur, qui souffrent depuis longtemps avec moi; de les soutenir par sa grâce, s'ils viennent à me perdre, et tant qu'ils resteront dans ce monde périssable.

» Je recommande mes enfans à ma femme; je n'ai jamais douté de sa tendresse maternelle pour eux.

» Je lui recommande surtout d'en faire de bons chrétiens et d'honnêtes hommes; de ne leur faire regarder les grandeurs de ce monde-ci, s'ils sont condamnés à les éprouver, que comme des biens dangereux et périssables, et de tourner leurs regards vers la seule gloire solide et durable de l'éternité. Je prie ma sœur de vouloir continuer sa tendresse à mes enfans, et de leur tenir lieu de mère s'ils avaient le malheur de perdre la leur.

» Je prie ma femme de me pardonner tous les maux qu'elle a soufferts pour moi, et les chagrins que je pourrais lui avoir donnés dans le cours de notre union; comme elle peut être sûre que je ne garde rien contre elle, si elle croyait avoir quelque chose à se reprocher.

» Je recommande bien vivement à mes enfans, après ce qu'ils doivent à Dieu, qui doit marcher avant tout, de rester toujours unis entre eux, soumis et obéissans à leur mère, et reconnaissans de tous les soins et les peines qu'elle se donne pour eux, et en mémoire de moi. Je les prie de regarder ma sœur comme une seconde mère.

» Je recommande à mon fils, s'il avait le malheur de devenir Roi, de songer qu'il se doit tout entier au bonheur de ses concitoyens; qu'il doit oublier toute haine et tout ressentiment, et nommément ce qui a rapport aux malheurs et chagrins que j'éprouve; qu'il ne peut faire le bonheur des peuples qu'en régnant suivant les lois; mais, en même temps, qu'un Roi ne peut les faire respecter et faire le bien qui est dans son cœur qu'autant qu'il a l'autorité nécessaire, et qu'autrement, étant lié dans ses opérations, et n'inspirant point de respect, il est plus nuisible qu'utile.

» Je recommande à mon fils d'avoir soin de toutes les personnes qui m'étaient attachées, autant que les circonstances où il se trouvera lui en donneront les facultés; de songer que c'est une dette que j'ai contractée envers les enfans ou les parens de ceux qui ont péri pour moi, et ensuite de ceux qui sont malheureux pour moi.

» Je sais qu'il y a plusieurs personnes de celles qui m'étaient attachées qui ne se sont pas conduites envers moi comme elles le devaient, et qui ont même montré de l'ingratitude; mais je leur pardonne (souvent dans les momens de trouble et d'effervescence on n'est pas le maître de soi), et je prie mon fils, s'il en trouve l'occasion, de ne songer qu'à leur malheur.

» Je voudrais pouvoir témoigner ici ma reconnaissance à ceux qui m'ont montré un attachement véritable et désintéressé; d'un côté, si j'ai été sensiblement touché de l'ingratitude et de la déloyauté des gens à qui je n'avais jamais témoigné que des bontés, à eux ou à leurs parens ou amis ; de l'autre, j'ai eu de la consolation de voir l'attachement et l'intérêt gratuit que beaucoup de personnes m'ont montrés : je les prie d'en recevoir tous mes remercîmens. Dans la situation où sont les choses, je craindrais de les compromettre si je parlais plus explicitement ; mais je recommande spécialement à mon fils de chercher les occasions de les reconnaître.

» Je croirais calomnier cependant les sentimens de la nation, si je ne recommandais ouvertement à mon fils MM. de Chamilly et Hue, que leur véritable attachement pour moi avait portés à s'enfermer avec moi dans ce triste séjour, et qui ont pensé en être les malheureuses victimes. Je lui recommande aussi Cléry, du soin duquel j'ai eu tout lieu de me louer depuis qu'il est avec moi ; comme c'est lui qui est resté avec moi jusqu'à la fin, je prie messieurs de la Commune de lui remettre mes hardes, mes livres, ma montre, ma bourse, et les autres petits effets qui ont été déposés au conseil de la Commune.

» Je pardonne encore très-volontiers à ceux qui me gardaient, les mauvais traitemens et les gênes dont ils ont cru devoir user envers moi : j'ai trouvé quelques âmes sensibles et compatissantes ; que celles-là jouissent dans leur cœur de la tranquillité que doit leur donner leur façon de penser !

» Je prie MM. de Malesherbes, Tronchet et Desèze, de recevoir ici tous mes remercîmens et l'expression de ma sensibilité pour tous les soins et les peines qu'ils se sont donnés pour moi.

» Je finis en déclarant devant Dieu, que je ne me reproche aucun des crimes qui sont avancés contre moi.

» Fait double, à la tour du Temple, le 25 décembre 1792.

» *Signé* LOUIS. »

(7) La défense prononcée par M. Desèze a trop d'étendue pour la retracer ici en entier : on rapportera seulement cette partie qui concerne la journée du 10 août, et qui termine ce plaidoyer.

« Le 9 août arrive ; on excite dans l'esprit de Louis des alarmes plus vives encore ; on lui parle de rassemblemens ; on lui annonce des préparatifs ; on lui fait craindre pour la nuit même. Louis alors redouble de précautions ; le nombre des Gardes nationales qui devaient veiller sur le château, est augmenté ; les Suisses sont mis sur pied ; les autorités constituées sont appelées. Louis fait venir autour de lui le Département ; il fait venir les Officiers municipaux ; il s'environne ainsi des secours et de la présence de tous les Magistrats qui pouvaient avoir le plus d'ascendant ou de puissance sur l'esprit du peuple. Ces Magistrats requièrent, au nom de la loi, les Gardes nationales et les Suisses de ne pas laisser forcer la château. Ils donnent les ordres que la circonstance rendait nécessaires. Le Maire lui-même visite les postes.

» Bientôt, en effet, le tocsin sonne, la générale se bat, le peuple accourt. Quelques heures se passent dans une agitation sans effet : vers le matin, la marche du peuple commence; il se porte aux Tuileries; il s'y porte armé; des canons le suivent; les canons sont braqués vers les portes du château; le peuple est là.

» Le Procureur-général-syndic du Département de Paris alors s'avance; des Officiers municipaux l'accompagnent; ils parlent à la multitude; ils lui représentent que, rassemblée en si grand nombre, elle ne peut présenter de pétition, ni à Louis, ni à l'Assemblée nationale; ils l'invitent à nommer vingt pétitionnaires. Cette invitation n'a aucune suite.

» Pendant ce temps-là le rassemblement augmente; une foule immense se rend sur la place du Carrousel.

» Le mouvement devient plus fort; le danger croît. Les Magistrats du peuple avertis se reproduisent devant les troupes. Le Procureur-général-syndic lit l'article 5 de la loi du 3 octobre; il les exhorte à défendre le domicile de Louis, dont l'autorité était constituée; il leur donne, sans doute à regret, l'ordre de repousser la force par la force; mais il le donne. Les canonniers, pour toute réponse, déchargent leurs canons devant lui.

» Le Procureur-général-syndic rentre sur-le-champ dans le château ; il avertit Louis de la présence du danger ; il le prévient qu'il n'a pas de secours à attendre. Louis, qui déjà avait envoyé depuis quelques heures ses Ministres à l'Assemblée nationale, pour solliciter le secours d'une députation, lui fait part de nouveau de la situation dans laquelle il se trouve : l'Assemblée nationale ne prononce rien.

» Le Procureur-général-syndic, ainsi que les deux autres membres du Département, invitent alors Louis à se rendre lui-même au sein de l'Assemblée nationale ; ils l'engagent à s'y rendre avec sa famille ; ils lui en font sentir la nécessité. Louis s'y rend.

» Une heure après nos malheurs commencent.

» Citoyens, voilà les faits :

» Les voilà tels qu'ils sont connus, constatés dans tous les écrits publics, recueillis dans les procès-verbaux de l'Assemblée nationale, en un mot consignés partout.

» Je n'y ai rien ajouté de moi-même. Je n'ai fait qu'obéir au devoir de ma défense, en vous rappelant ces tristes détails ; et vous voyez par la rapidité même avec laquelle je les parcours, combien il m'en coûte de les retracer.

» Mais enfin voilà les faits !

» Maintenant, hommes justes, oubliez, s'il est possible, les affreux résultats de cette sanglante journée ;

n'en cherchez avec moi que les causes, et dites-moi, où est donc le délit que vous imputez à Louis?

» Ce délit ne peut être que dans ce qui a suivi la retraite de Louis à l'Assemblée nationale, ou, dans ce qui l'a précédé.

» Or, je dis d'abord que le délit ne peut pas être dans ce qui a suivi la retraite de Louis à l'Assemblée nationale; car, depuis l'époque de cette retraite, Louis n'a rien vu, rien dit, rien fait, rien ordonné; et il n'est sorti de l'asile qu'il avait choisi volontairement, que pour entrer dans la prison, où il est détenu depuis le moment même qu'il l'a quitté.

» Comment le combat s'est-il engagé? je l'ignore; l'histoire même l'ignorera peut-être : mais Louis, au moins, n'en peut pas répondre.

» Le délit est-il dans ce qui a précédé la retraite de Louis à l'Assemblée nationale? Mais alors quelles sont les circonstances que vous accusez?

Vous avez parlé d'intentions hostiles de la part de Louis.

» Mais où était la preuve de ces intentions? quels sont les faits que vous citez? quels sont les actes?

» On dit vaguement qu'il avait été formé un complot pour enlever la personne de Louis, et la transporter hors de la Capitale.

» Mais, où est ce complot? où en est la trace? où en est la preuve?

» Vous avez parlé de préparatifs.

» Je vois bien, en effet, de la part de Louis, des préparatifs de défense; mais où sont les préparatifs d'attaque? qu'a fait Louis pour être convaincu d'agression? où est son premier mouvement? où est son premier acte?

» Vous lui reprochez d'avoir eu encore des gardes Suisses à cette époque.

» Citoyens, je lis dans le procès-verbal de l'Assemblée nationale, du 4 août, qu'un membre avait proposé de décréter qu'en donnant aux Suisses tous les témoignages possibles de satisfaction et de reconnaissance, le Roi ne pourrait plus avoir de régimens Suisses pour sa garde.

» J'y lis que plusieurs membres insistent pour que l'Assemblée, en déterminant les récompenses pour les Suisses, déclare qu'ils ont bien mérité de la Patrie, et décrète que ceux qui resteront à Paris, ne pourront faire le service de la garde du Roi, que sur la réquisition des Autorités constituées.

» Aucune de ces propositions ne fut décrétée. Louis resta donc dans les termes du décret du 15 septembre de l'Assemblée constituante, qui avait ordonné que, jusqu'à ce que les capitulations fussent renouvelées, les Suisses conserveraient leur destination et leur mode de service.

» Louis pouvait donc avoir des Suisses.

» On lui reproche d'avoir passé le matin les troupes

en revue; mais reprochez donc au Maire d'avoir visité lui-même les postes.

» Louis était une autorité constituée, et avait le droit de défendre son domicile.

» Il devait compte de sa sûreté à la loi : comment donc peut-on lui reprocher d'avoir pris les précautions nécessaires pour la garantir?

» On est allé jusqu'à lui faire un crime d'avoir placé des troupes dans son château.

» Mais fallait-il donc qu'il se laissât forcer par la multitude? Fallait-il qu'il obéît à la violence? Et le pouvoir qu'il tenait de la Constitution n'était-il pas dans ses mains un dépôt auquel la loi elle-même lui défendait de souffrir atteinte?

» Citoyens, si, dans ce moment, l'on vous disait qu'une multitude, abusée et armée, marche vers vous; que, sans respect pour votre caractère sacré de législateurs, elle veut vous arracher de ce sanctuaire, que feriez-vous?....

» On a imputé à Louis des desseins d'agression funestes.

» Citoyens, il ne faut ici qu'un mot pour le justifier.

» Celui-là est-il un agresseur, qui, forcé de lutter contre la multitude, est le premier à s'environner des Autorités populaires, appelle le Département, réclame la Municipalité, et va jusqu'à demander même l'Assemblée, dont la présence eût, peut-être, prévenu les désastres qui sont arrivés?

» Veut-on le malheur du peuple, quand pour résister à ses mouvemens on ne lui oppose que ses propres défenseurs ?

» Mais que parlé-je ici d'agression, et pourquoi laisser si long-temps sur la tête de Louis le poids de cette accusation terrible ? Je sais qu'on a dit que Louis avait excité lui-même l'insurrection du peuple, pour remplir les vues qu'on lui prête ou qu'on lui suppose.

» Et qui donc ignore aujourd'hui que, long-temps avant la journée du 10 août, on préparait cette journée, qu'on la méditait, qu'on la nourrissait en silence, qu'on avait cru sentir la nécessité d'une insurrection contre Louis ; que cette insurrection avait ses agens, ses moteurs, son cabinet, son directoire ?

» Qui est-ce qui ignore qu'il a été combiné des plans, formé des ligues, signé des traités ?

» Qui est-ce qui ignore que tout a été conduit, arrangé, exécuté pour l'accomplissement du grand dessein qui devait amener pour la France les destinées dont elle jouit ?

» Ce ne sont pas là, Législateurs, des faits qu'on puisse désavouer : ils sont publics, ils ont retenti dans la France entière ; ils se sont passés au milieu de vous : dans cette salle même où je parle, on s'est disputé la gloire de la journée du 10 août. Je ne viens point contester cette gloire à ceux qui se la sont décernée ; je n'attaque point les motifs de l'insurrection, je n'attaque point ses effets ; je dis seulement que puisque l'insurrection a existé, et bien antérieurement au 10 août, qu'elle est certaine, qu'elle est avouée, il est impossible que Louis soit l'agresseur.

» Vous l'accusez pourtant.

» Vous lui reprochez le sang répandu.

» Vous voulez que ce sang crie vengeance contre lui !...

» Contre lui, qui, à cette époque-là même, n'était venu se confier à l'Assemblée nationale que pour empêcher qu'il en fût versé !

» Contre lui, qui, le 6 octobre, empêcha à Versailles ses propres gardes de se défendre !

» Contre lui, qui, à Varennes, a préféré revenir captif plutôt que de s'exposer à occasioner la mort d'un seul homme !

» Contre lui, qui, le 20 juin, refusa tous les secours qui lui étaient offerts, et voulut rester seul au milieu du peuple !

» Vous lui imputez le sang répandu.... ah ! il gémit autant que vous sur la fatale catastrophe qui l'a fait répandre : c'est là sa plus profonde blessure, c'est son plus affreux désespoir ; il sait bien qu'il n'en est pas l'auteur, mais qu'il en a été peut-être la triste occasion. Il ne s'en consolera jamais.

» Et c'est lui que vous accusez !

» Français, qu'est donc devenu ce caractère national, ce caractère qui distinguait vos anciennes mœurs, ce caractère de grandeur et de loyauté ?

» Mettriez-vous votre puissance à combler l'infortune d'un homme qui a eu le courage de se confier aux Représentans de la nation elle-même ?

» N'auriez-vous donc plus de respect pour les droits sacrés de l'asile ?

» Ne croiriez-vous devoir aucune pitié à l'excès du malheur, et ne regarderiez-vous pas un Roi, qui cesse de l'être, comme une victime assez éclatante du sort, pour qu'il dût vous paraître impossible d'ajouter encore à la misère de sa destinée ? Français, la révolution qui vous régénère, a développé en vous de grandes vertus; mais craignez qu'elle n'ait affaibli dans vos âmes le sentiment de l'humanité, sans lequel il ne peut y en avoir que de fausses.

» Entendez d'avance l'histoire qui redira à la renommée :

» Louis était monté sur le trône à vingt ans, et à vingt ans il donna sur le trône l'exemple des mœurs; il n'y porta aucune faiblesse coupable, ni aucune passion corruptrice; il y fut économe, juste, sévère; il s'y montra toujours l'ami constant du peuple.

» Le peuple désirait la destruction d'un impôt désastreux qui pesait sur lui; il le détruisit : le peuple demandait l'abolition de la servitude; il commença par l'abolir lui-même dans ses domaines. Le peuple sollicitait des réformes dans la législation criminelle, pour l'adoucissement du sort des accusés; il fit ces réformes. Le peuple voulait que des milliers de Français, que la rigueur de nos usages avait privés jusqu'alors des droits qui appartiennent aux citoyens, acquissent ces droits ou les recouvrassent; il les en fit jouir par ses lois : le peuple voulut la liberté, il la lui donna : il vint même au-devant de lui par ses sacrifices; et cependant c'est au nom de ce même peuple qu'on demande aujourd'hui..... Citoyens, je n'achève pas..... Je m'arrête devant l'histoire : songez qu'elle jugera votre jugement, et que le sien sera celui des siècles. »

(8) Lorsque M. Desèze eut cessé de parler, le Roi se leva, et s'exprima ainsi : «On vient de vous exposer mes moyens de défense; je ne résumerai pas ce qu'on vous a dit. En vous parlant, peut-être pour la dernière fois, je vous déclare que ma conscience ne me reproche rien, et que mes défenseurs ne vous ont dit que la vérité. Jamais je n'ai craint que ma conduite fût examinée publiquement; mais mon cœur est déchiré de trouver dans l'acte d'accusation, l'imputation d'avoir voulu faire répandre le sang du peuple, et surtout que les malheurs du 10 août me soient attribués. J'avoue que les preuves multipliées que j'avais données dans tous les temps de mon amour pour le peuple, et la manière dont je m'étais toujours conduit, me paraissaient devoir prouver que je craignais peu de m'exposer pour épargner son sang, et éloigner à jamais de moi une pareille imputation. »

Depuis le 6 décembre on avait enlevé à Louis tous instrumens tranchans, particulièrement ses rasoirs:

sa barbe était devenue assez longue pour le rendre presque méconnaissable. Cléry, son valet de chambre, lui conseilla de paraître à la Convention en cet état; il pensait que cette preuve des plus odieux traitemens jointe à l'effet touchant de ses paroles, aurait produit une vive impression; mais le Roi dédaigna de pareils moyens, et chargea Cléry de demander des rasoirs; la Commune en accorda à condition qu'on en ferait usage devant deux Officiers municipaux.

(9) Non-seulement Saint-Just prétendait que Louis XVI était jugeable par la Convention, mais qu'il pouvait être très-légalement égorgé sans jugement. « César fut immolé en plein Sénat, disait-il, » sans autre formalité que vingt-deux coups de poi- » gnard; et aujourd'hui on fait avec respect le procès » d'un homme assassin du peuple, d'un homme pris » en flagrant délit, la main dans le crime, la main » dans le sang! Ceux qui attacheront quelque impor- » tance au jugement d'un Roi ne fonderont jamais » une république. Juger un Roi comme un citoyen! » ce mot étonnera la postérité froide. Juger, c'est ap- » pliquer la loi : une loi, c'est un rapport de justice. » Quel rapport y a-t-il donc entre l'humanité et les » Rois?.... Il est telle âme généreuse qui dirait dans » un autre temps que le procès doit être fait à un » Roi, non point pour les crimes de son administra- » tion, mais pour celui d'avoir été Roi; car rien au » monde ne peut légitimer cette usurpation; et de

» quelques illusions, de quelques conventions que la » royauté s'enveloppe, elle est un crime éternel contre » lequel tous ont droit de s'élever et de s'armer.... On » ne peut point régner innocemment.... Tout Roi est » un rebelle et un usurpateur..... On ne peut pas ju- » ger un Roi selon les lois du pays..... Il n'y avait » rien dans les lois de Numa pour juger Tarquin; » il n'y avait rien dans les lois d'Angleterre pour » juger Charles Ier; on les jugea selon le droit des » gens; on repoussa un étranger, un ennemi : voilà » ce qui légitime ces expéditions. »

« Louis fut Roi, dit un autre membre de la Con- » vention..... Cette race d'hommes anthropophages » se nourrit de crime et de sang humain. Donc, tant » que cet individu existera, il provoquera contre » nous les efforts de ses semblables. Les Rois sont » comme les prêtres, ils se liguent entre eux; les pre- » miers sacrifient et assassinent leurs sujets, au nom » de la justice; les autres immolent tout à leur fureur, » au nom du Ciel; l'humanité ne régnera sur la terre » que quand il n'y aura plus de Rois; la vérité, que » quand il n'y aura plus de prêtres. »

Au milieu des représentans forcenés, dont les vociférations et les discours sanguinaires produisaient dans la Convention tant de désordres et de tumultes, à l'occasion du procès de Louis XVI, on aime à trouver quelques orateurs qui aient la fermeté de parler le langage de la justice : voici comment s'exprimait M. Lanjuinais, après avoir présenté les moyens pour faire révoquer le décret par lequel la Convention s'attribuait le droit de juger le Roi :

« La première violation des principes fait marcher » de violations en violations ; je pourrais en citer » plusieurs exemples dans cette affaire ; mais soyez » donc conséquens dans ces violations ; soyez au moins » d'accord avec vous-mêmes. Vous n'avez pas voulu » juger Louis XVI d'après la Constitution ; elle ne » vous autorisait à prononcer que sa déchéance. Vous » avez préféré le Code pénal ; vous l'invoquez sans » cesse ; vous vous dites sans cesse : nous sommes » Jury. Eh bien ! c'est le Code pénal que j'invoque » aussi ; ce sont les formes du Jury que je réclame, » et auxquelles je vous supplie de ne pas faire d'ex- » ception..... Vous avez rejeté toutes les formes que, » peut-être la justice, et certainement l'humanité, » exigeaient ; la récusation et la forme silencieuse du » scrutin, qui seule peut garantir la liberté des suf- » frages. On paraît délibérer ici dans une Conven- » tion libre ; mais c'est sous les poignards et les ca- » nons des factieux. Daignez, Citoyens, peser toutes » ces considérations ; c'est pour obtenir l'exécution de » la loi que je les présente ; c'est en faveur de la jus- » tice et de l'humanité que je demande, aux termes » de la loi, qu'il faille les trois quarts des suffrages.

» Pourriez-vous jamais, disait encore M. Lanjui- » nais, rester juges de l'homme désarmé, de qui plu-

» sieurs d'entre vous ont été les ennemis directs et » personnels, puisqu'ils ont tramé l'invasion de son » domicile, et qu'ils s'en sont vantés ? Vous ne pouvez » pas rester juges, applicateurs de la loi, accusateurs, » jurés d'accusation, jurés de jugement, ayant tous » ou presque tous ouvert vos avis, et quelques-uns » avec une férocité scandaleuse..... J'entends parler » du salut du peuple, d'idées politiques..... On dit » que ce n'est pas comme législateurs que vous devez » vous montrer. La politique veut-elle que la Conven- » tion soit déshonorée ?

» Comment voulez-vous, ajoutait cet orateur, que » je prononce, comme un juge, sur Louis ? Je me » souviens qu'il est venu demander un asile dans cette » enceinte ; je respecterai toujours en lui le droit des » supplians. »

(10) L'appel au peuple, présenté au nom du Roi, était conçu en ces termes :

« Je dois à mon honneur, je dois à ma famille de ne point souscrire à un jugement qui m'inculpe d'un crime que je ne puis me reprocher ; en conséquence, je déclare que j'interjette appel à la Nation elle-même du jugement de ses Représentans. Je donne, par ces présentes, pouvoir spécial à mes défenseurs officieux, et charge expressément leur fidélité de faire connaître cet appel à la Convention nationale par tous les moyens qui seront en leur pouvoir, et de demander qu'il en soit fait mention dans le procès-verbal de la séance de la Convention.

Signé, LOUIS.

M. Desèze, après avoir lu cet écrit, improvisa les observations suivantes :

« Citoyens, nous vous supplions d'examiner, dans votre justice, s'il n'existe pas une grande différence entre le renvoi spontané de votre part, du jugement de Louis, à la ratification du peuple Français, et l'exercice du droit naturel et sacré qui appartient à tout accusé, qui appartient à tous les individus ; oui, à tous, et par conséquent à Louis ; si nous n'avons pas élevé nous-mêmes ces questions dans la défense de Louis, c'est qu'il ne nous appartenait pas de prévoir que la Convention nationale se déterminerait à le juger ; ou qu'en le jugeant elle le condamnerait.

» Nous vous la proposons aujourd'hui pour remplir envers Louis ce dernier devoir ; vous-mêmes, nous en avez chargés, et nous vous conjurons de la balancer avec cette sainte impartialité que la loi demande..... Citoyens, telle était la mission dont Louis nous avait chargés. Maintenant que nous venons d'apprendre que le décret fatal qui a condamné Louis à la mort, n'a obtenu la majorité sur les suffrages de la Convention que de cinq voix, et encore pourrions-nous réclamer les voix des membres qui sont absens, et penser qu'elles auraient pu être en sa faveur, permettez-nous, soit comme défenseurs de Louis, soit comme citoyens, soit comme pétitionnaires, de vous observer, au nom de l'humanité, au nom de ce principe sacré qui veut que tout soit adouci, que tout soit mitigé en faveur de l'accusé; permettez-nous de vous dire que, puisqu'il s'est élevé des doutes si considérables parmi les membres de la Convention, pour la ratification de ce jugement par le peuple, une circonstance si extraordinaire mérite bien, de votre profond dévouement pour ses intérêts, de votre amour pour lui, de votre respect pour ses droits, que vous vous déterminiez volontairement à lui demander cette ratification; encore que vous sachiez que les principes ne commandaient pas cette mesure.

» Citoyens, nous n'ignorons pas que c'est par un décret rendu ce matin, que vous avez jugé que la majorité de plus d'une voix suffirait pour la validité du jugement que vous avez rendu; mais je vous le demande encore ici au nom de la justice, au nom de la patrie, au nom de l'humanité, usez de votre puissance, mais n'étonnez pas la France du spectacle d'un jugement qui lui paraîtra terrible, quand elle considérera son étonnante minorité.

» Citoyens, nous remplissons ici, pour la dernière fois, un ministère religieux, un ministère que nous tenons de vous-mêmes; et vous jugez combien, à ce titre seul, nous devons y être attachés. Permettez donc que je vous adjure encore, au nom de Louis XVI, que je vous supplie de songer que presque tous les membres de la Convention qui avaient voté parmi vous pour la ratification de votre jugement par le peuple, que tous les membres de la Convention ont fondé leur opinion sur le salut de République. Citoyens, vous qui combattez pour le salut de la Nation, pour ses véritables intérêts, je vous demande; ne tremblerez-vous pas, quand vous songerez que le salut de la République, que le salut de vingt-cinq millions d'hommes peut dépendre de cinq voix!.... »

Tronchet s'éleva avec force contre le décret qui avait statué que la majorité absolue et d'une seule voix suffirait pour prononcer la condamnation à mort. « Il paraîtra inconcevable, dit-il, que le plus grand nombre de ceux qui ont prononcé la peine terrible de la mort, aient pour base le code pénal, et qu'on ait invoqué contre l'accusé ce qu'il y a de plus rigoureux dans la loi, tandis que l'on écartait tout ce que l'humanité de cette même loi avait établi en faveur de l'accusé. Vous concevez, vous entendez que je dois vous parler de ce calcul rigoureux par lequel la loi exige les deux tiers des voix pour que l'accusé puisse être condamné. Mais je vous prie d'observer que le décret que vous avez rendu ce matin, n'est pas un véritable décret; que vous n'avez fait que passer à l'ordre du jour sur des observations très-légères qui vous ont été faites, et que nous croyons devoir nous permettre, par les sentimens qui sont dans nos cœurs, par l'obligation sacrée dont nous sommes chargés, et que nous sommes obligés de remplir; nous osons nous croire autorisés à vous observer que quand il s'agissait de déterminer quelle devait être la majorité et la force du calcul des voix, une affaire aussi importante que celle-là, méritait d'être traitée par un appel nominal, et non pas par un simple passé à l'ordre du jour; et c'est ainsi qu'en qualité de citoyens, de pétitionnaires, nous osons vous demander, comme on l'a fait quelquefois quand on se croyait lésé par quelqu'un de vos déctets; nous osons vous demander de rapporter ce décret, par lequel vous avez passé à l'ordre du jour sur la manière de prononcer touchant le jugement de Louis. »

M. de Malesherbes appuya la justice de ces réclamations de tout l'intérêt que devaient naturellement y ajouter la vive émotion, la douleur et les larmes de ce magistrat octogénaire, généralement révéré et si digne de l'être.

« Citoyens, dit-il d'une voix tremblante et entrecoupée, je n'ai pas, comme mes collègues, l'habitude de la parole; je n'ai point, comme eux, l'habitude du plaidoyer.... Nous parlons sur-le-champ sur une matière qui demande la plus grande réflexion.... Je ne suis point capable d'improviser.... Je vois, avec douleur, que je n'ai pas eu un moment pour me préparer à vous présenter des réflexions capables de toucher une assemblée..... Oui, citoyens, sur cette question, comment les voix doivent-elles être comptées? J'avais des observations à vous présenter..... Mais j'ai, sur cet objet, tant d'idées qui ne me sont suggérées ni par l'individu, ni par la circonstance.... Citoyens,.... pardonnez à mon trouble.... Oui, citoyens, quand j'étais encore Magistrat, et depuis, j'ai réfléchi spécialement sur l'objet dont vous a entretenus Tronchet. J'ai eu occasion, dans le temps que j'appartenais au corps de la législation, de préparer, de mûrir ces idées. Aurais-je le malheur de les perdre, si vous ne me permettez pas de les présenter d'ici à demain? »

M. de Malesberbes parlait à des tigres.... il ne fut point entendu; on passa à l'ordre du jour.

(11) Garat, ministre de la justice, vient notifier, au Roi son arrêt de mort; et Grouvelle, secrétaire du conseil, fit la lecture de cet arrêt ainsi conçu :

ARTICLE PREMIER.

« La Convention nationale déclare Louis Capet, dernier Roi des Français, coupable de conspiration contre la liberté de la nation, et d'attentat contre la sûreté générale de l'Etat.

ART. II.

» La Convention nationale déclare que Louis Capet subira la peine de mort.

ART. III.

» La Convention nationale déclare nul l'acte de Louis Capet apporté à la barre par ses conseils, qualifié d'appel à la nation, du jugement contre lui rendu à la Convention ; défend à qui que ce soit d'y donner aucune suite, à peine d'être poursuivi et puni comme coupable d'attentat contre la sûreté générale de la République.

ART. IV.

» Le Conseil exécutif provisoire notifiera le présent décret, dans le jour, à Louis Capet, et prendra des mesures de police et de sûreté nécessaires pour en assurer l'exécution dans les vingt-quatre heures, à compter de sa notification, et rendra compte du tout à la Convention nationale, immédiatement après qu'il aura été exécuté. »

Le Roi entendit cette lecture avec calme et dignité ; il remit à Garat la note suivante : le ministre hésitant à la recevoir, le Roi dit : *Je vais vous en faire la lecture.*

« Je demande un délai de trois jours pour pouvoir me préparer à paraître devant Dieu ; je demande pour cela de pouvoir librement voir la personne que j'indiquerai aux commissaires de la Commune, et que cette personne soit à l'abri de toute crainte et de toute inquiétude pour cet acte de charité qu'elle remplira auprès de moi.

» Je demande d'être délivré de la surveillance perpétuelle que le Conseil-général a établie depuis quelques jours.

» Je demande dans cet intervalle à pouvoir voir ma famille quand je le demanderai, et sans témoins ; je désirerais bien que la Convention nationale s'occupât tout de suite du sort de ma famille, et qu'elle lui permît de se retirer librement où elle le jugerait à propos.

» Je recommande à la bienfaisance de la nation toutes les personnes qui m'étaient attachées. Il y en a beaucoup qui avaient mis toute leur fortune dans leurs charges, et qui, n'ayant plus d'appointemens, doivent être dans le besoin, et même de celles qui ne vivaient que de leurs appointemens ; dans les pensionnaires il y a beaucoup de vieillards, de femmes et d'enfans qui n'avaient que cela pour vivre.

» Fait à la tour du Temple, le 20 janvier 1793.

» *Signé* LOUIS. »

Le Roi remit en outre au ministre de la justice l'adresse du prêtre qu'il désirait voir dans ses derniers momens ; elle portait : *M. l'Abbé Edgeworth de Firmont, rue du Bacq, n°. 483.* Il était vicaire-général du diocèse de Paris, et confesseur de Madame Elisabeth.

Le ministre répondit que le Conseil exécutif allait en délibérer; l'Assemblée rendit aussitôt le décret suivant :

« La Convention nationale a décrété qu'il était libre à Louis d'appeler tel ministre du culte qu'il jugerait à propos, et de voir sa famille sans témoins ; elle a autorisé le Conseil exécutif à lui répondre *que la Nation, toujours grande et toujours juste, s'occuperait du sort de sa famille.*

» Sur la réclamation relative aux créanciers de sa maison, elle passe à l'ordre du jour motivé sur ce qu'ils ont le droit de se présenter pour demander le paiement ou de justes indemnités.

» Enfin, elle passe à l'ordre du jour sur la demande faite par Louis, qu'il soit sursis pendant trois jours à l'exécution du jugement. »

(12) Voici comment Cléry, qui fut témoin de cette scène douloureuse, rend compte de la dernière entrevue du Roi et de sa famille.

« A huit heures et demie, la porte de la salle s'ouvrit. La Reine parut la première, tenant son fils par la main ; Madame Royale et Madame Elisabeth les suivaient : tous se précipitèrent dans les bras du Roi. Un morne silence régna pendant quelques minutes, et ne fut interrompu que par des sanglots. La Reine fit un mouvement pour entraîner Sa Majesté vers sa chambre. *Non*, dit le Roi, *passons dans cette salle ; je ne puis vous voir que là.* Ils y entrèrent, et Cléry en ferma la porte qui était en vitrage. Le Roi s'assit, ayant la Reine à sa gauche, Madame Elisabeth à sa droite, et Madame Royale presqu'en face ; le jeune prince resta debout entre les jambes du Roi : tous étaient penchés vers lui, et le tenaient souvent embrassé. Cette scène de douleur dura sept quarts d'heure, pendant lesquels il fut impossible de rien entendre. On voyait seulement qu'après chaque phrase du Roi, les sanglots des princesses redoublaient, duraient quelques minutes, et qu'ensuite le Roi recommençait à parler. Il fut aisé de juger à leurs mouvemens, que lui-même leur avait appris sa condamnation.

» A dix heures un quart, le Roi se leva le premier, et tous le suivirent. La Reine tenait le Roi par le bras droit. Leurs Majestés donnaient chacune une main à Mgr. le Dauphin ; Madame Royale, à la gauche, tenait le Roi embrassé par le milieu du corps ; Madame Elisabeth, du même côté, mais un peu plus en arrière, avait saisi le bras gauche de son auguste frère ; ils firent quelques pas vers la porte d'entrée, en poussant les gémissemens les plus douloureux. *Je vous assure*, leur dit le Roi, *que je vous verrai demain à huit heures. -- Vous nous le promettez!* répétèrent-ils tous ensemble. -- *Oui, je vous le promets. -- Pourquoi pas à sept heures?* reprit la Reine. -- *Eh bien! oui, à sept heures*, répondit le Roi. *Adieu*.... Il prononça *cet adieu* d'une manière si expressive, que les sanglots redoublèrent. Madame Royale tomba évanouie aux pieds du Roi, qu'elle tenait embrassés. Cléry la releva et aida Madame Elisabeth à la soutenir. Le Roi voulant mettre fin à cette scène déchirante, leur donna les plus tendres embrassemens, et eut la force de s'arracher de leurs bras. *Adieu!.... adieu!....* dit-il; et il rentra dans sa chambre. Les princesses remontèrent chez elle; quoique les deux portes fussent fermées, on continua d'entendre leurs cris et leurs gémissemens dans l'escalier. » (*Voyez* le journal de Cléry.)

(13) En rendant compte des derniers momens qui précédèrent le supplice de Louis XVI, nous citerons un historien qui doit inspirer la confiance, M. l'Abbé Edgeworth, le digne confesseur qui assista ce Monarque jusqu'à l'échafaud. Voici en quels termes il s'exprime dans les Mémoires qu'il a publiés.

« Enfin, on frappa à la porte pour la dernière fois : c'était Santerre et sa troupe. Le Roi ouvrit la porte à son ordinaire, et on lui annonça (je ne pus entendre en quels termes), qu'il fallait aller à la mort. « *Je suis en affaire*, leur dit-il avec autorité;

» *attendez-moi là, dans quelques minutes je serai* » *à vous.* »

» En disant ces paroles, il ferma la porte, et vint se jeter à mes genoux : « *Tout est consommé*, me » dit-il ; *Monsieur, donnez-moi votre dernière béné-* » *diction, et priez Dieu qu'il me soutienne jus-* » *qu'au bout.* » Il se releva bientôt ; et sortant du cabinet, il s'avança vers la troupe qui était au milieu de la chambre à coucher. Leurs visages n'annonçaient rien moins que l'assurance. Ils avaient cependant tous le chapeau sur la tête, et le Roi s'en apercevant, demanda aussitôt le sien ; tandis que Cléry, baigné de larmes, court pour le chercher : « *Y a-t-il parmi* » *vous quelque membre de la Commune?* leur dit le » Roi : *je le charge d'y déposer cet écrit.* » C'était son *Testament* ; et un des assistans le prit de la main du Roi. « *Je recommande aussi à la Commune*, *Cléry*, » *mon valet de chambre, des services duquel je n'ai* » *qu'à me louer. On aura soin de lui donner ma* » *montre et tous mes effets ; tant ceux que j'ai ici,* » *que ceux qui ont été déposés à la Commune. Je* » *désire également, qu'en récompense de l'attache-* » *ment qu'il m'a témoigné, on le fasse passer au* » *service de la Reine*..... DE MA FEMME. » (Car le Roi dit les deux.) Personne ne répondant : « MAR- » CHONS! leur dit le Roi *d'un ton ferme.* » A ces mots toute la troupe défile. Le Roi traversa la première cour (autrement le jardin) à pied. Il se retourna une ou deux fois vers la tour, comme pour dire adieu à tout ce qu'il avait de plus cher en ce bas monde; et au mouvement qu'il fit, on voyait qu'il rappelait sa force et son courage. A l'entrée de la seconde cour, se trouvait une voiture de place. Deux gendarmes tenaient la portière. A l'approche du Roi, l'un d'eux y entra le premier, et se plaça sur le devant. Le Roi monta ensuite et me plaça à côté de lui dans le fond. L'autre gendarme y sauta le dernier, et ferma la portière. On assure qu'un de ces deux hommes était un prêtre déguisé. -- Je souhaite, pour l'honneur du sacerdoce, que ce soit une fable. On assure également qu'il avait ordre d'assasssiner le Roi au moindre mouvement qu'ils remarqueraient dans le peuple. J'ignore si c'était là leur consigne; mais il me semble qu'à moins d'avoir sur eux d'autres armes que celles qui paraissaient, il leur eût été bien difficile d'exécuter leur dessein; car on ne voyait que leurs fusils, dont il leur était impossible de faire usage.

» Au reste, ce mouvement qu'on appréhendait n'était rien moins qu'une chimère. Un grand nombre de personnes dévouées au Roi, avaient résolu de l'arracher de vive force des mains de ses bourreaux, ou du moins de tout oser pour cela. Deux des principaux acteurs, jeunes gens d'un nom très-connu, étaient venus m'en prévenir la veille; et j'avoue que, sans me livrer absolument à l'espérance, j'en conservai cependant une lueur jusqu'au pied de l'échafaud. J'ai appris depuis que les ordres de cette affreuse matinée avaient été conçus avec tant d'art, et exécutés avec tant de précision, que de quatre ou cinq cents personnes qui s'étaient ainsi dévouées pour leur prince, vingt-cinq seulement avaient réussi à gagner le lieu du rendez-vous. Tous les autres, par l'effet des mesures prises dès la pointe du jour, dans toutes les rues de Paris, ne purent pas même sortir de leurs maisons.

» Quoi qu'il en soit, le Roi se trouvant resserré dans une voiture, où il ne pouvait ni me parler, ni m'entendre sans témoins, prit le parti du silence. Je lui présentai aussitôt mon bréviaire, le seul livre que j'eusse sur moi, et il parut l'accepter avec plaisir. Il témoigna même désirer que je lui indiquasse les psaumes qui convenaient le mieux à sa situation, et il les récitait alternativement avec moi. Ces gendarmes, sans ouvrir la bouche, paraissaient extasiés et confondus tout ensemble, de la piété d'un Monarque qu'ils n'avaient sans doute jamais vu d'aussi près. La marche dura près de deux heures. Toutes les rues étaient bordées de plusieurs rangs de citoyens armés, tantôt de piques, et tantôt de fusils. En outre, la voiture elle-même était entourée d'un corps de troupes imposant, et formé sans doute de tout ce qu'il y avait de plus corrompu dans Paris. Pour comble de précautions, on avait placé en avant des chevaux une multitude de tambours, afin d'étouffer, par ce bruit, les cris qui auraient pu se faire entendre en faveur du Roi. Mais comment en aurait-on entendu? personne ne paraissait ni aux portes, ni aux fenêtres; et on ne voyait dans les rues que des citoyens armés, c'est-à-dire des citoyens qui, tout au moins par faiblesse, concouraient à un crime qu'ils détestaient peut-être dans le cœur.

» La voiture parvint ainsi dans le plus grand silence à la place Louis XV, et s'arrêta au milieu d'un grand espace vide qu'on avait laissé autour de l'échafaud. Cet espace était bordé de canons; et au-delà, tant que la vue pouvait s'étendre, on voyait une multitude en armes. Dès que le Roi sentit que la voiture n'allait plus, il se retourna vers moi, et me dit à l'oreille: « *Nous voilà arrivés, si je ne me trompe.* » Mon silence lui répondit qu'oui. Un des bourreaux vint aussitôt ouvrir la portière, et les gendarmes voulurent descendre; mais le Roi les arrêta, et appuyant sa main sur mon genou: « *Messieurs*, leur dit-il, » d'un ton de maître, *je vous recommande Monsieur* » *que voilà; ayez soin qu'après ma mort il ne lui* » *soit fait aucune insulte. Je vous charge d'y veiller.* » Ces deux hommes ne répondant rien, le Roi voulut reprendre d'un ton plus haut; mais l'un d'eux lui coupa la parole: « *Oui, oui, lui répondit-il, nous* » *en aurons soin; laissez-nous faire.* » Et je dois ajouter que ces mots furent dits d'un ton de voix qui aurait dû me glacer, si, dans un moment tel que celui-là, il m'eût été possible de me replier sur moi-même.

» Dès que la Roi fut descendu de voiture, trois bourreaux l'entourèrent, et voulurent lui ôter ses habits : mais *il les repoussa avec fierté, et se déshabilla lui-même.* Il défit également son col, ouvrit sa chemise, et l'arrangea de ses propres mains. Les bourreaux, quela contenance fière du Roi avait déconcertés un moment, semblèrent alors reprendre de l'audace. Ils l'entourèrent de nouveau, et voulurent lui prendre les mains. « *Que prétendez-vous ?* leur dit le Prince, en » retirant ses mains avec vivacité. » « *Vous lier*, répondit un des bourreaux. » « *Me lier !* repartit le Roi d'un air d'indignation : « *Je n'y consentirai jamais ;* » *faites ce qui vous est commandé, mais vous ne* » *me lierez pas : renoncez à ce projet.* » Les bourreaux insistèrent; ils élevèrent la voix, et semblaient déjà vouloir appeler du secours pour le faire de vive force.

» C'est ici peut-être le moment le plus affreux de cette désolante matinée : une minute de plus, et le meilleur des Rois recevait, sous les yeux de ses sujets rebelles, un outrage mille fois plus insupportable que la mort, par la violence qu'on semblait vouloir y mettre. Il parut le craindre lui-même; et se retournant vers moi, il me regarda fixement comme pour me demander conseil. Hélas! il m'était impossible de lui en donner un, et je ne lui répondis d'abord que par mon silence : mais comme il continuait de me regarder : « *Sire*, lui dis-je avec larmes, » *dans ce nouvel outrage, je ne vois qu'un dernier* » *trait de ressemblance entre votre Majesté et le* » *Dieu qui va être sa récompense.* » A ces mots, il leva les yeux au Ciel avec une expression de douleur que je ne saurais jamais rendre. « *Assurément*, me » dit-il, *il ne me faudra rien moins que son exemple* » *pour que je me soumette à un pareil affront.* » Et se tournant vers les bourreaux : « *Faites ce que vous* » *voudrez*, leur dit-il, *je boirai le calice jusqu'à la* » *lie.* »

» Les marches qui conduisaient à l'échafaud étaient extrêmement roides à monter. Le Roi fut obligé de s'appuyer sur mon bras ; et à la peine qu'il semblait prendre, je craignis un moment que son courage ne commençât à fléchir. Mais, quel fut mon étonnement, lorsque, parvenu à la dernière marche, je le vis s'échapper pour ainsi dire de mes mains, traverser d'un pied ferme toute la largeur de l'échafaud, imposer silence par son seul regard à quinze ou vingt tambours qui étaient placés vis-à-vis de lui, et d'une voix si forte, qu'elle dut être entendue du Pont-Tournant, prononcer distinctement ces paroles à jamais mémorables : « *Je meurs innocent de tous les crimes* » *qu'on m'impute. Je pardonne aux auteurs de ma* » *mort, et je prie Dieu que le sang que vous allez* » *répandre ne retombe jamais sur la France !* »

» Il allait continuer, mais un homme à cheval, et en uniforme national, fondant tout à coup l'épée à la main, et avec des cris féroces, sur les tambours, les obligea de rouler.

» Plusieurs voix se firent entendre en même temps pour encourager les bourreaux. Ils parurent s'animer eux-mêmes; et saisissant avec effort le plus vertueux des Rois, ils le traînèrent sous la hache, qui, d'un seul coup, fit tomber sa tête.

» Tout cela fut l'ouvrage de peu d'instans. Le plus jeune des bourreaux (il ne semblait pas avoir plus de dix-huit ans), saisit aussitôt la tête, et la montra au peuple en faisant le tour de l'échafaud. Il accompagnait cette cérémonie monstreuse des cris les plus atroces et des gestes les plus indécens. Le plus morne silence régna d'abord. Bientôt quelques cris de *vive la République* se font entendre. Peu à peu les voix se multiplièrent; et dans moins de dix minutes ce cri, mille fois répété, devint le cri de la multitude, et tous les chapeaux furent en l'air. »

(14) *Rapport fait à la Commune de Paris, le* 21 *janvier* 1793, *sur l'exécution de* Louis XVI.

(Jacques Roux, prêtre, l'un des commissaires nommés par la commune, pour assister à l'exécution de Louis, prend la parole :)

« Nous venons rendre compte de la mission dont nous étions chargés. Nous nous sommes transportés au

Temple : là, nous avons annoncé au tyran que l'heure du supplice était arrivée.

» Il a demandé d'être quelques minutes seul avec son confesseur ; il a voulu nous charger d'un paquet pour vous remettre ; nous lui avons observé que nous n'étions chargés que de le conduire à l'échafaud ; il a répondu : « *C'est juste.* » Il a remis ce paquet à un de nos collègues, et a recommandé sa famille et demandé que Cléry, son valet-de-chambre, soit celui de la Reine : avec précipitation il a dit sa femme. De plus, il a demandé que ses anciens serviteurs de Versailles ne fussent pas oubliés. Il a dit à Santerre : *Marchons !*

» Il a traversé une cour à pied, et est monté en voiture dans la seconde. Pendant la route, le plus grand silence a régné.

» Il n'est arrivé aucun événement. Nous sommes montés dans les bureaux de la marine pour dresser procès-verbal de l'exécution. Nous n'avons pas quitté Capet des yeux jusqu'à la guillotine : il est arrivé à dix heures dix minutes ; il a été trois minutes à descendre de la voiture ; il a voulu parler au peuple, Santerre s'y est opposé : sa tête est tombée. »

Voici la lettre de Samson, exécuteur des jugemens criminels, au Rédacteur du Journal de Bruxelles, à l'occasion du supplice de Louis XVI.

Paris, ce 23 février 1793.

« Descendant de la voiture pour l'exécution, on lui

dit qu'il fallait ôter son habit. Il fit quelque difficulté en disant qu'on pouvait l'exécuter comme il était. Sur la représentation que la chose était impossible, il a lui-même aidé à ôter son habit. Il fit encore la même difficulté lorsqu'il s'agit de lui lier les mains, qu'il donna ensuite lui-même lorsque la personne qui l'accompagnait lui eut dit que c'était un dernier sacrifice. Alors il s'informa si les tambours battraient toujours; il lui fut répondu qu'on n'en savait rien, et c'était la vérité. Il monta sur l'échafaud, et voulut s'avancer sur le devant, comme pour parler; mais on lui représenta que la chose était impossible. Il se laissa alors conduire à l'endroit où on l'attacha, et d'où il s'est écrié très-haut : *Peuple, je meurs innocent!* Se tournant vers nous, il nous dit : *Messieurs, je suis innocent de tout ce dont on m'inculpe; je souhaite que mon sang puisse cimenter le bonheur des Français.*

» Telles sont ses véritables et dernières paroles. L'espèce de petit débat qui se fit au pied de l'échafaud, roulait sur ce qu'il ne croyait pas nécessaire qu'il ôtât son habit, et qu'on lui liât les mains. Il fit aussi la proposition de se couper lui-même les cheveux.

» Pour rendre hommage à la vérité, il a soutenu tout cela avec un sang froid et une fermeté qui nous a tous étonnés. Je reste très-convaincu qu'il avait puisé cette fermeté dans les principes de la religion, dont personne ne paraissait plus pénétré et plus persuadé que lui.

» Vous pouvez donc vous servir de ma lettre, comme contenant les choses les plus vraies, et la plus exacte vérité.

» *Signé* SAMSON, exécuteur des jugemens criminels. »

(15) Après la mort du Roi, on ne tarda pas à priver la Reine de son fils, dont l'éducation fut confiée, par la Commune, à un nommé *Simon*, cordonnier. On avait choisi l'homme le plus barbare, le plus ignorant et le plus dépravé pour être le gouverneur du fils d'un Roi de France! Cet homme l'obligeait à porter le bonnet rouge et à chanter l'*Hymne des Marseillais* et les autres chansons révolutionnaires.

Bientôt après cette séparation, on força la Reine de dire aussi un éternel adieu à sa fille et à Madame Elisabeth : elle fut transférée du Temple à la Conciergerie le 5 août 1793.

La Reine, dans cette nouvelle prison, était sans cesse surveillée par des gendarmes et par des officiers municipaux. Parmi ces derniers, un nommé Michonis était le seul qui prît quelque intérêt à ses malheurs : il lui procurait ce qui lui était nécessaire, tels qu'alimens, linge, livres, etc.

C'est Michonis qui fit introduire le chevalier de Rougeville dans la prison de la Reine. On a beaucoup parlé de cet événement dont on a ignoré le but mystérieux. En voici les circonstances constatées par les procès-verbaux et les dépositions qui eurent lieu à ce sujet.

» Le chevalier de Rougeville et Michonis, portant tous les deux l'écharpe tricolore, arrivent dans la chambre de la Reine.

» Elle était assise en face de la croisée, et tournait le dos à la porte : elle se retourne et aperçoit le chevalier; elle fait un léger mouvement de surprise. Madame Richard, la femme du concierge, accompagnait Michonis; elle présuma que celui qui l'accompagnait était comme lui officier municipal : mais le mouvement involontaire de la Reine ne lui avait point échappé. Elle suit des yeux le chevalier, qui, tenant un œillet dans lequel était renfermé un billet, l'avait laissé tomber, et avait fait à la Reine, pour qu'elle le ramassât, des signes que d'abord elle n'avait pas compris; alors le chevalier s'étant approché d'elle, lui avait dit, à voix basse, de le ramasser, et lui avait ajouté qu'il reviendrait le vendredi suivant.

» Cet événement ayant été dénoncé au comité de salut public, Michonis et toutes les personnes qui étaient prévenues d'y avoir participé, furent arrêtées et traduites au tribunal révolutionnaire.

» Michonis, qui avait des amis parmi les juges de ce tribunal, eut le bonheur d'être acquitté ainsi que ses coacusés. »

Le 12 octobre 1793, à six heures du soir, la Reine fut traduite au tribunal révolutionnaire. Fouquier-Tinville avait dressé l'acte d'accusation portant que :

« Marie-Antoinette, veuve de Louis Capet, ci-devant Roi de France, est accusée :

» 1°. D'avoir méchamment, et à dessein, de concert avec les frères de Louis Capet, et l'infâme ex-ministre Calonne, dilapidé d'une manière effroyable les finances de la France; d'avoir fait passer des sommes incalculables à l'Empereur, et d'avoir ainsi épuisé le trésor national;

» 2°. D'avoir, tant par elle, que par ses agens contre-révolutionnaires, entretenu des intelligences et des correspondances avec les ennemis de la République, et d'avoir informé et fait informer ces mêmes ennemis des plans de campagne et d'attaque convenus et arrêtés dans le conseil;

» 3°. D'avoir, par ses intrigues et manœuvres, et par celles de ses agens, tramé des conspirations et des complots contre la sûreté intérieure et extérieure de la France; d'avoir, à cet effet, allumé la guerre civile sur divers points de la République, et armé les citoyens les uns contre les autres; d'avoir, par ce moyen, fait couler le sang d'un nombre incalculable de Français! »

On a peine à croire jusqu'à quel point la plus odieuse calomnie voulut flétrir la Reine dans cet acte d'accusation : on ne rougit pas de lui imputer d'avoir dépravé les mœurs de son fils, et d'avoir commis un *acte incestueux* avec lui. Cet enfant n'avait pas alors sept ans!

On l'obligea, en lui faisant craindre la mort et les plus affreux tourmens, de déposer à cet égard beaucoup d'obscénités qui ne peuvent pas même entrer dans la pensée d'un enfant de cet âge. La Reine étant interrogée sur ce fait, elle répondit avec énergie : *La nature repousse une pareille accusation faite à une mère ; j'en appelle à toutes celles qui sont ici présentes.*

MM. Tronçon du Coudray et Chauveau Lagarde furent nommés d'office pour défendre la Reine ; ils s'acquittèrent honorablement de cette fonction : mais toute défense était inutile, l'arrêt était rédigé d'avance.

Herman présidait le tribunal révolutionnaire ; après les plaidoiries, il s'exprima ainsi dans son résumé :

« Un grand exemple, dit-il, est donné en ce jour à l'univers, et sans doute il ne sera point perdu pour les peuples qui l'habitent. La nature et la raison, si long-temps outragées, sont enfin satisfaites ; l'égalité triomphe !

» Une femme qu'environnaient naguère tous les prestiges les plus brillans que l'orgueil des Rois et la haine des esclaves avaient pu inventer, occupe aujourd'hui au tribunal de la nation la place qu'occupait il y a deux jours une autre femme ; et cette égalité lui assure une justice impartiale. Cette affaire, citoyens

Jurés, n'est pas de celles où un seul fait, un seul délit est soumis à votre conscience ou à vos lumières. Vous avez à juger toute la vie politique de l'accusée, depuis qu'elle est venue s'asseoir à côté du dernier Roi des Français; mais vous devez surtout fixer votre délibération sur les manœuvres qu'elle n'a cessé d'employer pour détruire la liberté naissante, soit dans l'intérieur, par ses liaisons intimes avec d'infâmes ministres, de perfides généraux, d'infidèles représentans du peuple; soit au-dehors, en faisant négocier cette coalition monstrueuse de despotes de l'Europe, à laquelle l'Histoire réserve le ridicule pour son impuissance; enfin, par ses correspondances avec les ci-devant Princes français émigrés, et leurs dignes agens.

» Si l'on eût voulu de tous ces faits une preuve orale, il eût fallu faire comparaître l'accusée devant le Peuple français. La preuve matérielle se trouve dans les papiers qui ont été saisis chez Louis Capet, énumérés dans un rapport fait à la Convention nationale, par Gohier, l'un de ses membres, dans le recueil des pièces justificatives de l'accusation portée contre Louis Capet par la Convention; enfin, et principalement, citoyens Jurés, dans les événemens politiques dont vous avez été tous les témoins et les juges....

» Je finis par une réflexion générale : c'est le peuple français qui accuse Marie-Antoinette de tous les événemens politiques qui ont eu lieu depuis cinq années, et qui déposent contre elle. »

Après ce résumé et la déclaration du Jury, le président demanda à la Reine si elle avait quelque chose à dire sur l'application de la loi : elle secoua la tête sans proférer un seul mot.

Elle entendit son arrêt sans donner aucun signe d'altération ni d'effroi. Le lendemain à onze heures, 16 octobre 1793, la Reine sortit de la Conciergerie et monta dans la fatale charrette pour aller à l'échafaud. Les Jacobins avaient fait réunir des gens de la plus vile populace, qui l'insultèrent au moment de son passage. La Reine entendit avec mépris ces grossièretés, et dit à cette multitude : *Hélas! mes maux vont finir, et les vôtres ne font que commencer.*

Elle déposa ses derniers sentimens et ses dernières volontés dans cette lettre si touchante qu'elle écrivit à Madame Elisabeth :

Ce 16 octobre, à quatre heures et demie du matin.

« C'est à vous, ma sœur, que j'écris pour la dernière fois.

» Je viens d'être condamnée, non pas à une mort honteuse (elle ne l'est que pour les criminels), mais à rejoindre votre frère. Comme lui, innocente, j'espère montrer la même fermeté que lui dans ces derniers momens. Je suis calme comme on l'est quand la conscience ne reproche rien.

» J'ai un profond regret d'abandonner mes pauvres » enfans. Vous savez que je n'existais que pour eux et » vous, ma bonne et tendre sœur, vous qui avez, par » votre amitié, tout sacrifié pour être avec nous. Dans » quelle position je vous laisse!

» J'ai appris, par le plaidoyer même du procès, » que ma fille était séparée de vous. Hélas! la pauvre » enfant! je n'ose lui écrire : elle ne recevrait pas ma » lettre. Je ne sais pas même si celle-ci vous parvien- » dra.

» Recevez pour eux deux ici ma bénédiction. J'es- » père qu'un jour, lorsqu'ils seront plus grands, ils » pourront se réunir à vous, et jouir en entier de vos » tendres soins.

» Qu'ils pensent tous deux à ce que je n'ai cessé de » leur inspirer, que les principes et l'exécution exacte » de ses devoirs sont les premiers biens de la vie; que » leur amitié et leur confiance mutuelle en feront le » bonheur.

» Que ma fille sente qu'à l'âge qu'elle a, elle doit » toujours aider son frère par les conseils que l'ex- » périence qu'elle a de plus que lui et son amitié » pourront lui inspirer.

» Que mon fils, à son tour, rende à sa sœur tous » les soins et les services que l'amitié peut inspirer.

» Qu'ils sentent enfin tous deux que, dans quelque » position qu'ils puissent se trouver, ils ne seront » vraiment heureux que par leur union.

» Qu'ils prennent exemple de nous. Combien dans » nos malheurs, votre amitié nous a donné de conso- » lations! Et dans le bonheur on jouit doublement » quand on le partage avec un ami; et où en trouver » de plus tendre, de plus cher que dans sa propre » famille?

» Que mon fils n'oublie jamais les derniers mots » de son père, que je lui répète expressément : *Qu'il » ne cherche jamais à venger notre mort!*

» J'ai à vous parler d'une chose bien pénible à mon » cœur. Je sais combien cet enfant doit vous avoir » fait de la peine. Pardonnez-lui, ma chère sœur! » pensez à l'âge qu'il a, et combien il est facile de » faire dire à un enfant ce qu'on veut, et même ce » qu'il ne comprend pas.

» Un jour viendra, où il ne sentira que mieux tout » le prix de vos bontés et de votre tendresse pour » tous deux.

» Il me reste à vous confier ma dernière pensée : » J'aurais voulu vous écrire dès le commencement » du procès; mais, outre qu'on ne me laissait pas écrire, » la marche en a été si rapide, que je n'en aurais » réellement pas eu le temps.

» Je meurs dans la religion catholique, apostolique » et romaine, dans celle de mes pères, dans celle où » j'ai été élevée et que j'ai toujours professée.

» N'ayant aucune consolation spirituelle à attendre,

» ne sachant pas s'il existe encore ici des prêtres de » cette religion, et même *le lieu où je suis les exposant trop, s'ils y entraient une fois*, je demande » sincèrement pardon à Dieu de toutes les fautes que » j'ai pu commettre depuis que j'existe. J'espère que, » dans sa bonté, il voudra bien recevoir mes derniers » vœux, ainsi que ceux que j'ai faits depuis long-temps » pour qu'il veuille bien recevoir mon âme dans sa » miséricorde et sa bonté.

» Je demande pardon à tous ceux que je connais, » et à vous, ma sœur, en particulier, de toutes les » peines que, sans le vouloir, j'aurais pu leur causer.

» *Je pardonne à tous mes ennemis le mal qu'ils » m'ont fait.*

» Je dis ici adieu à mes tantes et à tous mes frères » et sœurs, J'avais des amis; l'idée d'en être séparée » pour jamais, et leurs peines, sont un des plus grands » regrets que j'emporte en mourant.

» Qu'ils sachent du moins que, jusqu'à mon dernier moment, j'ai toujours pensé à eux.

» Adieu, ma bonne et tendre sœur! Puissé-je mériter vos regrets! Pensez toujours à moi. *Je vous » embrasse de tout mon cœur, ainsi que ces bons et » chers enfans.* Mon Dieu! qu'il est déchirant de les » quitter pour toujours!

» Adieu! adieu! Je ne vais plus m'occuper que de » mes devoirs spirituels.

» Comme je ne suis pas libre dans mes actions, » on m'amènera peut-être un prêtre ; mais je proteste » ici que je ne lui dirai pas un mot, et que je le re- » garderai comme un être absolument étranger. »

Le conventionnel Courtois, qui fit l'inventaire des objets qui étaient restés dans la prison de la Reine, avait supprimé cette lettre : elle fut retrouvée, en 1816, parmi les papiers de ce votant, et communiquée, par ordre du Roi, aux deux Chambres.

(16) Ce fut le 9 mai 1794, que Madame Elisabeth fut séparée pour toujours de Madame Royale, et qu'elle fut enlevée du Temple pour être conduite à la Conciergerie. La jeune princesse fondait en larmes en voyant les hommes barbares qui venaient lui arracher celle qui lui servait de mère. Madame Elisabeth, en la serrant dans ses bras, lui dit : « *Soyez tranquille,* » *je vais revenir.* -- « *Non, tu ne reviendras pas,* » reprit aussitôt un des brigands, *prends ton bonnet* » *de nuit* ! »

Madame Elisabeth recommanda sa nièce à la femme du concierge ; elle la supplia de lui donner tous ses soins, et partit.

Dès le soir de son arrivée à la Conciergerie, on lui fit subir un interrogatoire. Le lendemain elle fut conduite à l'échafaud, les mains liées derrière le dos, avec vingt-quatre autres victimes ; dans le nombre étaient la sœur du vénérable Malesherbes et la veuve du ministre Montmorin.

En allant au supplice, le vent fit tomber son fichu; elle dit à l'un des bourreaux ces mots remarquables : *Au nom de la pudeur, couvrez-moi le sein.*

Sa tête ne tomba sous la hache révolutionnaire qu'après qu'elle eût vu trancher celle des autres victimes : elle fut réservée exprès pour la dernière exécution. Elle montra un courage et une résignation au-dessus de son sexe.

FIN DES NOTES.

De l'Imprimerie de HERHAN, cour de la Sainte-Chapelle, N°. 5.

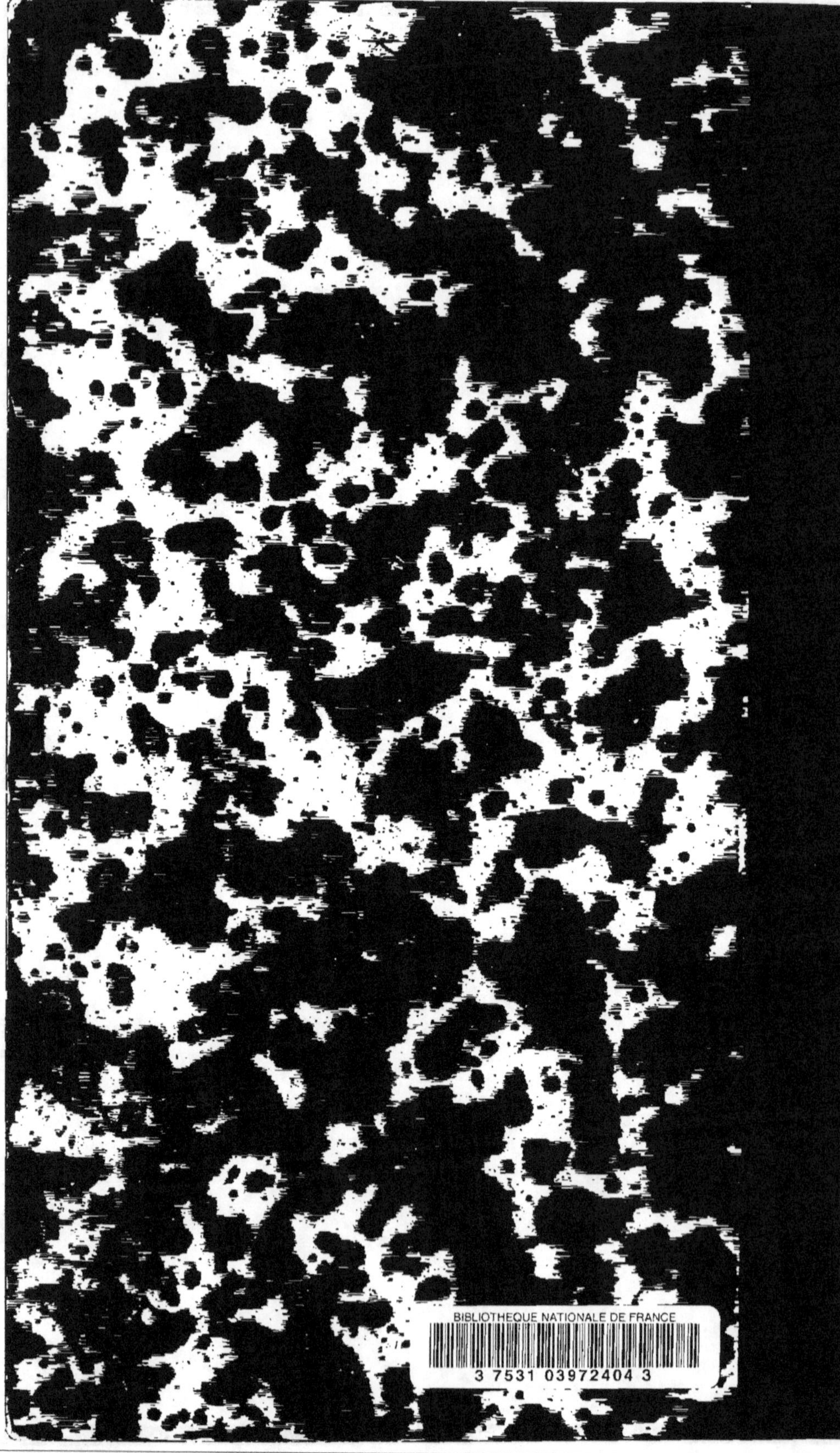

www.ingramcontent.com/pod-product-compliance
Lightning Source LLC
LaVergne TN
LVHW020335230826
846091LV00003B/882
9782013360272